녹색거미

지은이 **함무성**

아버지의 첫 근무지인 괴산 칠성초등학교 사택에서 태어났고
청주덕성초등학교, 청주여자중학교, 청주여자고등학교를 거쳐
청주여자대학(현 서원대)에서 서양화를 공부하고
중등미술교사로 근무했고 퇴직 후
대학입시 『르네상스미술학원』을 설립하여 운영하였다.
청주대학교 평생교육원 수필창작교실에서 글쓰기 공부를 시작하여
2018년〈수필과 비평〉으로 등단하고
전국수필과비평작가회, 충북수필문학협회, 수필미학작가회 회원
동양일보,〈동양에세이〉에 작품을 발표하고 있으며
우암문학회 회장, 딩아돌하 운영위원, 수필과비평사 이사로
활동하고 있다.
수필집으로《실뜨기》(2022년), 2025년《녹색거미》를 출간했다.
제 12회 광복문학상수상
『The 수필』의 2025년 빛나는 수필가 60인에 선정되었다.

E—mail hms0055@naver.com

표지작품 이효연 作 Reflection 9, 아사에 유채, 80.3×116.7cm, 2022
표지디자인 김은하, 박혜연

녹색거미

생태수필집
함무성 지음

인간과문학사

프롤로그

　두 번째 수필집 〈녹색거미〉를 출간합니다.

　숲속마을에서 생활한지 15년째가 되니 나도 모르는 사이에 자연 예찬자가 되었습니다. 숲의 공기, 풋풋한 풀 향기, 숲의 생명체들이 예사로 보여 지지 않았습니다.

　사는 동안 책과 사람을 통하여 지혜도 얻고 예술작품을 감상하며 일상을 다독였지만 자연 속의 순리와 순환을 알게 되면서 삶이 더 평안해졌습니다.

　열 세가구가 이마를 마주대고 사는 숲속마을은 마을 입구 넙죽 돌에 '자연과 친구 되는 사람들'이라는 문구를 새겨놓고 집집마다 꽃과 나무를 가꾸며 정원도 서로 공유하며 살고 있습니다. 자연히 청정한 숲속마을에는 부엉이, 딱따구리, 고라니, 두꺼비와 각종의 풀벌레들도 함께 삽니다. 그동안 지켜본 앞산의 소나무와 도토리나무 숲은 해가 다르게 우거지고, 약한 생명체들조차도 나름의 생존방식으로 번성해가고 있음을 보았습니다.

이번 수필집에는 자연에 깃들고, 동물과 교감하고, 사람과 사람사이의 이음을 소중하게 여기며 한 문장 한 문장씩 모았습니다.

경쟁사회에서 욕심이 많았을 때는 때로 성취감도 느꼈지만 요즘처럼 마음이 행복하지는 않았습니다. 계절에 순응하는 숲과 여린 생명체들이 살아가는 삶의 방식을 보며 내려놓고 비우니 지금은 저절로 부유한 마음입니다.

처음 수필공부를 시작하면서 '수필을 쓰려면 삶도 수필다워야 하지 않을까?' 라고 생각했습니다. 수필적 삶이 어떤 것인지도 모른 채 한 꼭지씩 글을 쓰며 사람과 자연, 사람과 사회에 대한 성찰의 기회를 더 많이 갖게 되었습니다. 삶이 수필을 쓰게 한 것이 아니라 수필이 내 삶을 바꾸었습니다.

자연이, 숲이, 여린 생명체들이 전해준 그 지혜와 행복을 나누고 싶습니다.

또 누가 알겠습니까? 이 글을 읽는 당신께서 숲을 거닐 때 기적 같은 생명의 신비를 목격하게 될지를…. 그리 되면 좋겠습니다.

2025년 잡초조차 아름다운 시월에

먹뱅이 숲속마을에서

차례

제2부 동물 ―나누다

차례

제4부 예술 — 엿보다

함무성 생태수필집

제1부

자연 － 깃들다

입 맞춘다 쪽나무
벌벌 떠는 사시나무
탱탱 튄다 탱자나무
방귀 뀐다 뽕나무.
이 귀여운 정원의 침입자.
뽕나무들을 어쩔까나.

— 본문 중에서

뽕나무를 누가 심었나

불볕더위가 멈출 줄 모른다. 지구의 온난화가 사람살기 힘들게 하지만 산과 들의 풀과 나무들은 제 세상 만났다. 간간히 내려준 흡족한 비와 강렬한 햇빛은 앞산의 도토리 숲을 파도처럼 일렁이게 한다.

더위를 피하고 초록을 즐기다 보니 어느새 정원은 풀 더미가 되었다. 애기똥풀, 개망초, 바랭이들이 소나무 아래 터 잡고 서로 땅따먹기를 하고 있는데 군데군데 뽕나무들이 내 허리만큼씩 자랐다. 자라는 속도가 빨라 하루가 다르게 키를 높인다. 누가 심었을까.

수년전 정원 한 귀퉁이에 심은 능수뽕나무는 용트림을 하며 잘 자랐다. 능수버들가지처럼 늘어진 뽕나무의 긴 머리를 잘라 주기로 했다. 우산을 펼친듯한 단발머리로 만들어 봐야지.

'그 언젠가 나를 위해 꽃다발을 전해주던 그 소녀

비에 젖은 풀잎처럼 단발머리 곱게 빗은 그 소녀

오늘따라 왜 이렇게 그 소녀가 보고 싶을까.

〈조용필〉의 노래를 흥얼거리며 능수 뽕나무를 단발머리로 자르고보니 노래 속 소녀같이 청순하고 아름답다. 그 뿐인가. 능수 뽕나무는 까만 오디를 소복하게 달고 있어 아침마다 몇 개씩 따먹는 즐거움도 주던 친구 같은 나무다.

장미가 피고 오디가 익는 유월에는 유독 곤줄박이가 자주 날아들었다. 머리 꼭대기에 흰 줄을 그리고 배와 뒷목은 주황색의 깃털을 가진 예쁜 곤줄박이가 자주 날아드는 이유는 아마도 잘 익은 오디 때문이었을 것이다. 번식기에는 암수가 함께 생활한다고 하니 녀석들이 늘 짝지어 다니던 이유도 알겠다.

이른 아침에 정원에 나와 보면 곤줄박이 부부가 잘 익은 오디를 다 쪼아 놓고 나무아래에는 까맣게 흩어놓고 달아난다. 오호라. 아름다운 내 정원에 제 멋대로 뽕나무를 심은 농부는 곤줄박이였구나. 달콤한 오디를 먹고 소나무 가지에 앉아 똥을 싸며 뽕나무를 심은 곤줄박이를 나무랄 수는 없겠다.

입 맞춘다 쪽나무.

벌벌 떠는 사시나무.

탱탱 튄다 탱자나무.

방귀 뀐다 뽕나무.

이 귀여운 정원의 침입자. 뽕나무들을 어쩔까나.

생명체는 먹는 자와 먹히는 자가
함께 있어야 계속 이어질 수 있다.
먹어야 살고 먹혀야 새로 태어나는 비밀을
자연 속에서 본다.

— 본문 중에서

꽃다지 먹기

햇살이 따스하다. 서둘러 봄을 맞이하려는 꽃다지들이 텃밭 가에 파릇하게 돋았다. 보송한 잔털을 덮고 풀방석 인 듯 퍼져있는 모습이 앙증맞다. 추위를 견디고 앞장서서 찾아온 봄 손님. 올해는 유난히도 텃밭 가장자리에 넓게 번졌다. 한 줌 뜯어서 된장국을 끓여볼까. 아니면 귀한 봄 손님이 노란 꽃을 피울 때 까지 기다려 볼까.

단발머리에 검정 고무신을 신었던 어린 시절에는 냉이, 꽃다지, 벌금자리 나물을 뜯으러 찬바람에 손등이 터지는 줄도 모르고 다녔었다. 먹을 것이 귀하던 시절에 맏딸인 나는 그렇게라도 반찬거리를 만들어 엄마를 도울 수 있는 것이 좋았다.

서른 살 엄마는 '사람 목구멍으로 태산도 넘어간다.'며 늘 가족의 먹을거리 걱정을 하셨다.

그 시절에는 가난한 집이 많았다. 우리 집도 그랬다. 이른 봄 장날에 어머니는 병아리 열 마리와 새끼돼지 한 마리를 사오셨다. 병아리는 키워서 달걀을 먹고, 돼지는 삼촌 장가 갈 밑천이라고 하셨다. 밥찌꺼기 하나 버려지지 않는 살림이어서 어머니는 보리쌀 치댄 걸쭉한 물도 아껴 등겨를 섞어 돼지에게 먹였다. 병아리 키우기는 내 몫이라며 잘 키우면 추석 때 쯤 우리 가족이 알을 먹을 수 있을 거라고 하셨다. 먹는다는 것과 먹힌다는 걸 인식할 나이가 아니었다. 나는 내 병아리들을 위해 봄부터 개구리를 잡으러 다녔다.

철사 손잡이 달린 깡통과 긴 막대기를 들고 냇가 옆 풀 섶을 헤쳤다. 폴짝거리는 개구리들이 많았다. 나는 긴 막대기로 사정없이 두들겨 실신한 개구리를 깡통에 채웠다. 작은 개구리는 형체도 없게 망가졌고 큰 개구리는 여러 번 두들겨 참혹했다. 터진 개구리를 맨손으로 집어 올려 깡통에 반을 넘게 채운 날은 기분이 좋았다. 어머니는 깡통을 마당의 화덕위에 올려 삶아서 닭 모이그릇에 넣어 주었다. 병아리들은 무럭무럭 자랐고 내 개구리사냥은 일상이 되었다.

삶을 넓게 볼 수 있는 나이가 되니 풀과 나무, 인간과 짐승,

생명을 가진 모든 것들은 존엄하다. 심지어 곁에 있던 물건들까지도 존재의 소중함을 알게 되었다. 개구리사냥에 대한 기억을 떠 올릴 적마다 '산 생명인데 어떻게 그렇게까지 했었나.'하는 자괴감이 든다. 감추고 싶은 기억이다.

그 시절에 나의 개구리사냥에 대해 알고 있는 사람은 어머니와 나 둘 뿐이었고 어머니까지 이 세상에 안 계신 지금은 그 비밀스런 행동은 이제 나 혼자만의 것이 되었다. 아무도 알지 못하니 절대 '입 밖에 꺼내지도 말자.'고 다짐해 보아도 풀 섶에서 막대기로 내리치며 죽은 개구리를 모아오던 내 모습이 지워지지 않는다. 진실의 반대말은 거짓이 아니라 망각이라고 했다던가. 개구리사냥의 기억이 진실이었기 때문에 잊혀 지지 않는 것 인가.

생명체에게 먹는다는 것과 먹힌다는 것에는 어떤 관계가 존재할까. 풀과 나무는 햇빛과 수분을 먹고 광합성을 이루며 생명을 이어간다. 벌은 꽃 속의 꿀을 먹고, 꽃은 스스로 먹히며 씨앗을 키운다.

생명의 땅 〈세렝게티〉에서 임팔라가 사자에게 쫓기는 긴박한 장면을 텔레비전에서 보았다. 임팔라에게 더 빨리 뛰라고 응원했지만 사자에게 잡혀 처참하게 뜯기는 모습이 나온다. 사자에게 '잔인한 놈' 이라고 종 주먹을 들이댔었다. 가장인

수사자는 배고픈 제 가족들을 이끌고 와서 배를 채운다.

초식동물인 임팔라는 풍요 속에 살아가며 개체수를 늘리고, 육식동물인 사자는 사냥이 쉽지 않아 궁핍하게 산다. 풍요와 결핍이 공존하는 땅에서 다음 끼니를 해결해야하는 사자의 개체수는 점점 줄어든다고 한다. 먹히는 종족이 오히려 번성하고, 먹어야 하는 사자의 개체수가 줄어드는 환경이니 어느 쪽을 응원 할 수도, 비난 할 수도 없다.

생명체는 먹는 자와 먹히는 자가 함께 있어야 계속 이어질 수 있다. 먹어야 살고, 먹혀야 새로 태어나는 비밀을 자연 속에서 본다. 왕사마귀의 암컷은 교미 후 수사마귀를 대가리부터 바수어먹고, 우렁이 새끼들은 제 어미의 살을 파먹으며 커간다. 자식 이기는 부모 없다는 말도 있다. 부모는 자식에게 먹히고, 자식은 또 제 자식에게 먹히며 삶의 고리는 이어진다. 겨울은 봄에게 먹히고, 봄은 여름에게 먹히며, 여름을 먹은 가을은 비로소 떫은 열매를 달게 익혀 먹히기를 기다린다. 먹혀야 번성하고, 먹혀야 소통이 된다. '내 말은 씨도 안 먹혀.'라는 소리도 소통의 부재를 말한다.

그때 나는 스스로 잔인한 줄을 알고 있었을까. 순환하는 자연의 이치에 나의궤적을 올려본다. 그리고 내가 나를 변호한다. 나의 개구리사냥은 또 다른 생명을 먹이기 위한 행동이었으며 그 사명이 주어졌기 때문이었다. 오로지 먹어야 할 닭들만 생각했다. 먹히는 개체에게는 가혹했지만 먹힘으로 또 다른 생명체를 키우는 것은 오히려 숭고하지 않을까. 이런 부질없는 생각도 해본다. 생태계에서 먹히는 자와 먹는 자에게 우열은 없다. 옳고 그름도 없다. 모두를 존중해야할 생명현상일 뿐이다.

이제 내 안에 흉하게 남아있던 기억을 자책하진 말자. 이어령 작가의 '생명이 자본이다.'를 다시 읽으며, '먹는 것은 모든 생명으로 통한다.' 라는 문장 아래 4B연필로 줄을 그었다.

꽃다지가 넓게 퍼진 텃밭 가에서 망설임 없이 나물을 뜯었다. 된장국을 끓여서 쌉싸래한 봄을 맘껏 먹어 보자. 그리고 다가올 푸른 여름에게 내 몸도 맘껏 먹혀보자.

목질도 없이 바람결에 쏠리는 풀들은
누울지언정 꺾이지 않고 유연함을 자랑한다.
바람이 잠들고 햇살이 고우면 오뚝이처럼 몸을 일으켜
다시 하루를 시작하는 풀들은 쉴 틈이 없다.

— 본문 중에서

풀들은 바쁘다

장마가 길었다. 밤에는 비가오고 낮에는 불볕더위다. 온갖 풀들은 성장의 절정기를 누리는 중이다. 그들은 자고 날 적마다 한 뼘씩 큰다. 이러다 우리 집이 풀 더미에 갇히는 건 아닌지. 멀찍이서 보면 마당의 잔디밭이 녹색의 융단을 깔아 놓은 것 같지만 가까이에서 보면 들쑥날쑥한 잡풀이 더 많다. 고추와 가지를 심어놓은 텃밭에도 풀들이 밭고랑을 덮었다.

그제는 촉촉이 비가 내렸었다. 풀은 비 내린 후 하루 이틀쯤 지난 뒤에 뽑는 것이 수월하다고 하여 호미를 들었다. 이웃 사람들은 힘들이지 말고 잔디밭에 소금을 뿌리라고도 했지만 그 말은 안 들은 걸로 했다. '사람이 흙을 버리면, 흙도 사람을 버린다.'고 유기농 농자재 판매회사의 벽에 걸린 글이 늘 마음에 남아있기 때문이다. 흙이 오염 될까 염려되어 손으로만 뽑다보니 풀이 자라는 시간을 쫓지 못하고 있다.

꿈을 가지고 전원생활을 시작한 사람들 중에는 풀과의 전쟁에서 손을 들고 나가는 사람이 종종 있다. 남편들은 전원에 살아보기를 원하고, 아내들은 편리한 아파트에 살기를 원한다. 그도 그럴 것이 가꾸지 않아도 저절로 나고 자라 텃밭까지 침범하는 잡초를 근절시키는 것은 불가능하다.

땀에 흠뻑 젖으며 풀과의 전쟁을 한다. 남편은 잔디밭에 엎드려서 잔디보다 더 많은 바랭이 풀을 골라내고, 나는 채마밭에서 쇠비름, 모시풀, 달개비, 덩굴풀을 뽑아 한 옆에 쌓았다. 풀은 오롯이 골칫덩이이며 우리의 적일까.

숲속마을로 이삿짐을 싣고 들어오던 날도 여름이었다. 울퉁불퉁한 비탈길을 오르면서도 계곡 따라 우거진 초록의 수풀을 보고 환호했다. 시멘트 건물과 흙을 덮어버린 아스팔트 도로에서는 느낄 수 없는 싱그러움이 있었다. 초록이 눈에 가득차고 계곡에서 올라오는 바람에도 초록물이 배여 있는 듯 청량한 느낌이다.

여름에 풀들은 가장 바쁘다. 바람 따라 춤을 추며 출렁이고, 연한 줄기에 힘이 빠지면 누워 쉰다. 햇빛 좋은 날은 맘껏 키를 올리고 몸집을 불리느라 서로 어깨를 비비며 밀고 당긴다. 목질도 없이 바람결에 쓸리는 풀들은 누울지언정 꺾이지 않고 유연함을 자랑한다. 바람이 잠들고 햇살이 고우면 오뚜기처럼 몸을 일으켜 다시 하루를 시작하는 풀들은 쉴 틈이 없다.

솜솜 들여다보니 풀들은 인정사정도 없다. 스스로의 힘만으로 살아내려는 그 오기를 탓 할 수만도 없다. 까칠한 환삼덩굴, 박주가리, 콩짜개는 손가락을 펼쳐 아무 나무나 붙잡고 감아올린다. 나무위에 지붕을 만들어 주변 나무를 마르게도 하지만 제 종족의 번식을 위해서는 어쩔 수 없다. 잔디마당에는 넉살좋은 바랭이가 더 극성이다. 텃밭에서는 가만가만 숨죽이던 풀들이 내 뒤통수만 보이면 '이때다!'하며 단체로 솟구치니 허리가 부실한 나는 대책이 없다.

풀 더미를 헤쳐 보았다. 태어난 지 얼마 안 된 투명한 녹색의 아기사마귀가 풀줄기 뒤로 몸을 숨기고, 참개구리는 놀라서 오줌을 갈기며 풀썩 뛴다. 풀뿌리를 당기니 반질한 지렁이도 따라 나온다. 수풀은 많은 생명체의 쉼터며 산실이고 식당이다. 여칫과의 작은 곤충들은 개구리, 왕사마귀, 말벌들의 먹이도 되고, 새들의 밥도 된다하니 수풀은 부잣집 곳간이기도 하다. 남을 먹지 않고 스스로 성장하는 풀들은 먹이

사슬의 최하위에서 생명체들을 먹이고 최상위에 있는 우리를 살게 하는 원천이다.

독이 없는 모든 풀들은 식탁위에 올려도 좋고, 독이 있는 풀을 구분하여 산과 들에서 약초를 얻으니 풀들은 골칫덩이도 아니고 우리의 적도 아니다. 채마밭과 잔디에서 골라낸 풀들을 뒤뜰 거름더미에 쌓았다. 비닐 덮어 잘 발효되면 새 봄에 땅의 보약으로 손색이 없을 터이다.

상당산성의 생태습지인 〈자연마당〉을 둘러보았다. 모든 풀들은 색도, 모양도, 번식하는 방법도 다르다. 연꽃과 부들이 있는 습지에 도루박이가 풍성한 머리 단을 자랑하며 듬쑥하게 앉아있다. 도루박이는 길게 자라 휘어진 잎줄기 끝을 습지의 뻘 흙에 도루박아 뿌리를 내리며 새로운 개체를 만들어 번식 한다고 하니 그 오묘한 생명력이 놀랍기만 하다.

온 땅을 뒤덮은 수풀의 삶도 사람 사는 마을과 별반 다르지 않다. 제 힘 만으로 억척스레 살아가는 소시민들을 민초라고 부르지 않는가. 수풀, 수풀, 입으로 불러내며 산성마을의 습지를 둘러보는 내내 나도 풀이 된 것만 같다.

여름날의 풀들은 모두 바쁘다.

여린 듯 강한 풀들에게 찬사를 보낸다.

나무들도 친족을 알아보고
다른 종과 제 친족을 구별한다고 밝혀냈다.
무리를 이루며 생존하는 생명 있는 모든 것들은
공동체를 잃으면 삶의 방식도 잃는다는 걸
이미 알고 있었을까.

— 본문 중에서

어머니 나무

살바람이 올라온다. 'ㄹ'자로 꺾인 마을 길 따라 풍구질에 실려 포슬눈도 따라 온다. 파르르 떠는 실가지를 다독이며 당단풍나무는 떨어진 잎들을 나무 아래로 쓸어 모은다. 지표면을 덮은 낙엽들은 반쯤 바스러진 채로 축축하다. 그것들은 분쇄되고 분해되어 다시 나무의 양분이 될 터이다. 나고 자라 번식하고 차분히 흙으로 돌아가는 자연의 순환을 본다.

어슷비슷한 열 한 집들이 모여 있는 숲속마을로 이사 오던 해에, 정원에 단풍나무를 심었다. 벌써 십 수 년이 흘렀다. 네 그루 중 한그루는 생을 마감했고 세 그루는 초가집 지붕만큼 가지를 펼치며 위용을 자랑한다.

지난 가을, 단풍색이 절정일 때 마을을 둘러보다 깜짝 놀랐다. 고운 우리 집 단풍나무와 색이 똑 같은 나무가 윗집 비탈에서 붉게 물들어 있었다. 집 주인은 심지 않았다고 했다. 씨앗이 날아올라가 윗집에 터 잡았나보다. 두릅나무가 빼곡한 옆집 비탈에도 어린 가지에 붉은 잎을 단 단풍나무가 보였다.

　빈 터였던 곳에 옆집이 건축되기 전 조경사에 의해 심겨진 단풍나무가 경계선을 넘은 줄 몰랐다. 옮겨 심으려 했는데 계절이 맞지 않아 차일피일 하는 사이에 옆집에서 돌로 축대를 쌓았다. 잘 자라고 있던 단풍나무는 돌 틈에 갇혔다. 어찌 할 수가 없었다. 바위틈에서도 뿌리를 내리며 성장하는 소나무처럼 꿋꿋이 자라주기만 바랐는데 한 두 해를 버티더니 끝내 생을 마쳤다. 돌 틈에서 고주박이가 된 단풍나무 둥치를 들어내니 마음이 아팠다.

　당단풍나무는 잎이 유난히 붉고 맑다. 아기자기한 잎도 좋지만 헬리콥터 날개 같은 시과의 아름다움은 독특하다. 봄이면 보르르한 솜털에 덮인 잎을 피우다가 오월이면 꽃실을 늘여 수꽃다발을 내민다. 그 끝에는 작고 노란 꽃밥을 달고 자주색 꽃도 피운다. 꽃이 질 때는 장독 위와 테라스에 붉은 융단을 펼친 듯 꽃실이 쏟아져 내리고, 가을이면 시과가 열린다.

헬리콥터 날개 모양의 시과는 붉은색에서 점차 갈색으로 변하며 수수 알 크기의 씨앗을 날개 속에 품는다. 단풍나무의 이런 매력에 반해 심은 거였다.

단풍나무는 지혜롭다. 거센 바람을 맞받아 헬리콥터 모양의 날개를 이용해 멀리까지 날아간다. 윗집에서 자라고 있는 단풍나무는 산 아래에서부터 올라오는 바람을 타고와 터를 잡았나 보다. 놀라운 생명력이다.

옆집 비탈의 단풍나무는 어머니나무가 죽어가면서 가까스로 남긴 자손일 것이다. 어머니나무가 죽은 곳에서 불과 서너 발자국 남짓한 곳에 숨듯이 자라고 있었다. 나는 반가움과 놀라움으로 단풍나무들을 세심히 관찰하기 시작했다.

자손을 퍼트리는 어머니나무들은 자기 자손을 알아보는 것일까. 자식이 먹고 자랄 수 있도록 탄소와 영양소를 보낼 수 있을까. 윗집 단풍나무는 아래를 내려다보며 우리 집 정원의 어머니나무와 늘 소통 할 수 있어서 더 건강하게 자라는 걸까.

어머니를 잃은 옆집 단풍나무가 안쓰러웠다. 축대 틈에서 가까스로 생명을 이어가는 어머니나무는 남아있는 탄소를 자식에게 보내주고, 마지막 숨까지 자손의 몸 안으로 들여보내며 겨우 한그루를 키워냈다. 삶과 이별하면서도 사랑으로 자식을 돌보는 나무에 대한 의문이 들었다.

나무는 인간과 같은 삶의 능력이 없다고 생각했었다. 나무들이 서로를 돌보는지에 대해 무관심했다. 그러나 식물학자들은 나무들도 친족을 알아보고 다른 종과 제 친족을 구별한다고 밝혀냈다. 무리를 이루며 생존하는 생명 있는 모든 것들은 공동체를 잃으면 삶의 방식도 잃는다는 걸 이미 알고 있었을까. 의문이 꼬리를 물다 보니 그 끝에는 나의 무지만 남아 있었다.

제주도의 '비자림'에서, 또 '사려니 숲'에서 아름다움을 넘어 경건함을 느꼈던 일이 생각난다. 나무들도 서로 소통하고 군집내의 다른 구성원에게 탄소도 보내고 양분도 나누며 수 백 년을 살아낸다. 다양한 환경에서도 어머니나무들은 자손나무를 진정으로 양육하고 있었음을 알게 되었다.

단풍나무에 등을 기대본다. 나는 과연 어머니라는 이름으로 저 단풍나무처럼 살았을까. 바스락 소리가 나는 마른 잎을 밟고 나무줄기의 중심부로 깊게 들어가 본다. 수백 수 천 개의 씨앗을 날리며 제 자리를 지키는 어머니나무의 사랑과 고통도 사람과 별 반 다르지 않음을 알겠다.

모든 생명들의 삶은 다 간절하기도 하고 때로는 고통스럽다. 내 삶도 그렇다. 어머니나무에서 삶의 이유와 가치를, 그리고 생명의 존엄함을 전해 받는다.

　봄이 오고 있다. 가늘디가는 나뭇가지 끝까지 물을 올려야
하는 어머니나무는 때늦은 대설에도 의연하다. 다른 나무들
이 모두 새잎을 틔운 뒤, 느지막이 잎을 밀어내는 단풍나무지
만 조급하지 않게 기다려본다.

넓은 수면위로 빗방울은
찰라 같이 사라지는 비 꽃을 뿌려 놓는다.
미처 세어볼 사이도 없이 사라지는 비 꽃송이를
눈으로 좇으려니 어지럼증이 난다.

— 본문 중에서

비꽃 피는 호수

헨리 데이빗 소로우는 '월든'에서 호수는 '대지의 눈'이라고 했다. 주변의 경관을 모두 담아 풍부하고 그윽한 표정이 아름다워서 그렇게 이름 지었을까.

호수는 잔잔하다. 숨길 필요도, 꾸밀 필요도 없이 그냥 부풀었다 잦아지기만 한다. 격렬하게 달려와 해안가 바위에 부딪치는 파도가 좋아 일상을 벗어나 보기도 하지만 마음속 소음이 싫어 질 때는 조용한 호수만한 친구도 없다.

넓고 깊게 물이 괴인 호수는 유입구를 통해 물을 모으고, 고여 있는 듯 머물다가 유출구로 흘러내리며 몸속의 혈액처럼 순환한다. 호수의 물은 마른 땅의 젖이 되어 생명을 키우고,

때로는 우리의 심신까지도 정화시킨다.

소나기를 맞으며 옥천의 교동 저수지를 찾았다. 우산을 두드리는 빗소리와 가끔씩 물마도 건너뛰어야 하는 비 오는 날의 호숫가 산책도 좋다. 화창한 날이면 하늘의 구름과 호수에 잠긴 구름이 데칼코마니를 만들어 물 깊이도 가늠할 수 없겠지만, 쏟아지는 빗줄기를 받는 지금은 어두운 청회색이다. 넓은 수면위로 빗방울은 찰나 같이 사라지는 비 꽃을 뿌려놓는다. 미처 세어볼 사이도 없이 사라지는 비 꽃송이를 눈으로 좇으려니 어지럼증이 난다.

옥천 군청에 들러서 문화관광부의 직원에게 교동 저수지에 관한 자세한 안내를 받았다. 교동 저수지가 있는 옥천의 옛 시가지였던 구읍마을은 조선시대 관아가 있던 곳으로 1917년 군청이 경부선 철도가 통과하는 옥천읍 삼양리로 이전 되면서 '구읍'으로 불리게 되었다고 한다.

시인 정지용생가와 육영수생가. 옥천향교, 옥주사마소(과거 시험 합격자에게 유학을 가르치며 정치를 논 하던 곳)등 문화유적이 많은 곳이라 구읍에는 길목마다 현대식 건물과 상점이 늘어나며 관광객을 맞이하고 있다고 했다. 옥천 8경중의 하나인 '향수호수길'과, 옥천 2경인 '벚꽃 길'은 연인들의 데이트 코스로 최상이라고 자랑한다.

해마다 시인 정지용 선생을 기리는 지용제가 열리다보니 많은 사람들이 찾아오고 더불어 맛 집과 카페 등이 늘어나고 있어, 전통과 현대문명이 어우러지는 거리로 변모하고 있다고 한다. 2020년에는 전통문화체험관이 문을 열었다. 우리는 하루가 다르게 변화해가는 현대문명 속에 살고 있지만 옛 조상들의 삶의 지혜와 가치관은 우리가 이어받고, 또 후손에게 물려주어야 할 소중한 유산임을 일깨운다.

호숫가를 걸었다. 2km 남짓한 데크로드를 따라 회색빛 대지의 눈동자에 내 눈을 맞춘다. 호수 가운데 봉긋한 풀 섬에는 양손으로 눈을 가린 황토 빛 두상 소조작품이 놓여있다.

'얼굴 하나야 손바닥 둘로 폭 가리지만
보고 싶은 마음 호수만 하니 눈 감을 수밖에.'

시인 정지용의 마음이 되어 넓은 호수만큼 보고 싶은 이들을 떠 올리며 눈 감아 본다.

희부연 호수는 금강줄기에서 시작하여 대청호를 지나 흘러들어오는 물을 모았고, 유출구로는 시인 정지용 생가가 있는 구읍마을로 흘러간다. 호수를 보고 자란 시인은, '넓은 벌 동쪽 끝으로 옛이야기 지줄 대는 실개천이 휘돌아 나가고…'라는 불후의 시를 남겼다. 그곳을 차마 꿈에도 잊을 수가 없다는 시구는 푸서리 같은 내 마음에도 촉촉한 물기를 준다.

지용문학공원에 올랐다. 돌로도 깰 수 없는 호수와 오렌지빛 지붕의 아담한 카페는 물안개에 싸여 한 폭의 수채화를 보는듯하다. 꽃창포와 갈대, 부레옥잠이 철철 여름비를 맞으며 자리를 지키고, 물위를 미끄러지는 물오리들의 모습이 평화롭다. 호숫가 가장자리를 따라 자라나는 속눈썹 같이 부드레한 풀들도 일렁이며 가끔씩 빗방울을 털어낸다.

고여 있는 듯 잠잠해도 물밑 깊은 곳에서는 아마도 온갖 생명체들이 와글거리겠다. 오늘의 내 하루도 빗소리 하나로 상념을 덜어내고 나니 마음속 깊은 곳에서 부터 물속 생명들처럼 소리 없는 와글거림으로 생기가 차오른다.

빗줄기가 거세졌다. 발목과 어깨를 적시는 작달비가 평미레질한 수면위에 접시 같이 큰 비 꽃을 사정없이 뿌려대고 있다.

흠씬 젖어도 좋은날이다.

좁쌀 같은 꽃송이에 수술이 꽃 밖으로
삐죽이 나온 걸 보니 마치 보송한 털이 덮인 것 같아.
영산홍, 개나리, 나리와 백합은 한번 폈다 지면
내년까지 기다려야 하는데
홍조팝은 이 여름에 한 번 더 꽃을 주니 신기해.

— 본문 중에서

두 번 피는 꽃

홍조팝 꽃이 또 피었어.

지난 유월에도 분홍 꽃송이들을 무더기로 피워 올렸었지.
큰 소나무 아래 둥그렇게 울타리처럼 심어 놓았었는데, 첫
꽃이 핑크빛 솜사탕을 뭉텅 떼어서 올려놓은 것 같았어. 그
위로 벌도 아닌 것들이, 풍뎅이도 아닌 것들이 진종일 붕붕거
리며 난장을 벌이더라. 오호라. 꽃무지였구나.

며칠이 지나자 홍조팝은 꽃잎 하나 떨구지 않은 채 조용히
갈색으로 변했지. 꽃이 질 때 모가지를 뚝 떨어뜨리는 동백꽃
하고는 영판 다르네. 자존심이 대단한 꽃이야.

홍조팝 무더기를 허리춤부터 나란히 잘라내고 새순을 받았

었어. 조경사가 그렇게 해보라고 했거든. 한여름 태양빛과 가끔씩 내리는 소나기를 흠뻑 맞으며 쑥쑥 자라더니 웬일이니, 팔월인 지금 또 꽃송이를 달았구나.

좁쌀 같은 꽃송이에 수술이 꽃 밖으로 삐죽이 나온 걸 보니 마치 보송한 털이 덮인 것 같아. 영산홍, 개나리, 나리와 백합은 한번 폈다 지면 내년까지 기다려야 하는데 홍조팝은 이 여름에 한 번 더 꽃을 주니 신기해.

정원을 꾸미기 시작한 지 벌써 십년이 넘었어. 죽기 전에 정원을 갖는 건 내 마지막 로망이었거든. 기쁨으로 들뜬 채 스케치북에 나무를 배치할 조감도를 그리고, 바위를 놓을 자리도 미리 잡아두었지. 나무든 바위든 한번 자리를 잡으면 그만이기 때문에 잘 정해야 해.

소나무와 단풍나무의 크기를 예측하고 주목과 산사나무의 위치도 정한 후, 꽃을 볼 수 있는 병꽃, 칠자화, 미산딸, 명자나무를 중간 중간 심었어. 잔디를 제외한 나무 아래는 키 작은 비비추나 옥잠화로 덮었지. 서쪽 비탈에는 영산홍으로 가득 채우고, 뒤쪽 비탈에는 두릅나무와 죽단화도 심었어. 이제는 집 둘레가 가득 차서 조용히 들어앉아 창밖으로 보이는 꽃과 나무들 보고 있기 좋아.

가만있자, 내 생에 화사한 꽃을 피웠던 적이 언제였었나. 온 세상이 다 내 것 같았고, 무엇이든 다 이룰 수 있을 것 같던 청년기였지 아마.

그러나 뜻대로 무지개는 잡히지 않고, 늑대 같은 남자 만나 -내 표현이 심했나- 밥하고, 빨래하고, 애 기저귀 갈고, 제사 음식 만들다 세월 다 갔어. 공주 같던 백목련처럼 핀 적도 있었던 걸 기억하지? 그런데 백목련꽃 지듯, 한순간에 흙 묻은 화장지 날리듯 바닥에 떨어지고 말았잖니.

자식들은 제 짝 찾아 다 떠나고, 뭔 날이 되어야만 숙제하듯 얼굴 내미니, 반갑다고 내색하기도 자존심 상해. 이제 내 머리에 서리 내리고, 옛날 옷은 허리가 안 맞아서 못 입는데, 남편 이라고 별수 있나. 우람하던 근육은 다 어디로 가고 검버섯이 솔솔 올라와.

정원이 풍성하면 뭘 해. 집 안에는 시든 꽃 두 송이만 소파에 앉아있는 걸.

눈 시려서 책도 보기 싫고, 무릎 아파서 산에도 못 가고, 이 시원찮아 갈비도 못 뜯어. 그래도 크게 걱정은 하지 마. 개밥은 챙겨 줄 수 있고, 마당에 잡풀도 쉬엄쉬엄 뽑을 수는 있어.

어마나. 웬일이라니. 홍조팝이 회춘했나. 한여름에 두 번이나 꽃을 피울 수 있다니. 꽃무지들을 불러 모으는 교태 좀 봐라.

홍조팝 꽃술 위에 호랑 꽃무지들 난장을 벌이는 것처럼, 우리 정원으로 아들, 며느리, 딸, 사위, 손자. 손녀 다 불러서 난장 한번 벌여 볼까.

며느리는 밥하라 하고, 아들은 잔디 깎으라 하고, 딸 훔쳐간 미운 사위는 대청소를 시키자. 눈에 넣어도 안 아픈 이쁜 딸은, 엄마하고 둘이서만 테라스에 앉아 홍삼차나 마시면 어떨까. 아직 내 인생 끝이 멀었으니 홍조팝처럼 두 번째 꽃 좀 피워 볼거나.

기능성 속옷 맞춰 입어서 허리 좀 줄이고, 남편한테는 핑크색 남방도 사서 입히자. 나이 핑계대지 말고, 주저할 것 없이,'새삶스럽게'시작해 볼란다.

무뚝뚝한 남편 앞에 서서 아랫배 힘줘 들이밀고 다소곳이,"알 라 뷰~."하면 뭐라 할까. 또 그러겠지."이 양반이 버섯을 잘못 먹었나."

홍조팝 꽃아! 너 따라 나도 핀다.

'알 라 뷰~'.

'실뜨기'는 어렸을 적 우리 자매들의 놀이였다.
젖 물려 아기를 재워 놓은 어머니는 우리에게
조용히 놀아야 한다며 실뜨기를 가르쳐 주었다.

— 본문 중에서

실뜨기

밤이 되니 제법 서늘하다. 창가의 풀벌레 소리가 마치 연주를 준비하는 오케스트라 현악기의 스트링 같다.

칫 찌르르르. 쯔리이이~. 또르르르릉. 찌르르륵 찌르륵.

수컷들이 짝을 부른다. 여치, 땅강아지, 귀뚜라미, 방울벌레, 베짱이들이 한껏 청아한 소리를 낸다. '나를 받아 주오.' 하는 사랑의 세레나데인가. 얼핏 불협화음 같지만 가만히 들어보면 소리의 길이와 음높이에서 나름대로 규칙이 있다. 눈을 감고 들어도 오색의 찬란한 빛이 느껴지며 저절로 명상에 들게 된다. 어느새 가을이 문턱에 와 있다.

새벽에 일어나 마당가의 텃밭을 살폈다. 이슬에 흠뻑 젖은 배추밭엔 어린 달팽이들도 붙어있고, 녹색의 배설물이 있는 곳에는 영락없이 연둣빛 배추벌레가 터 잡고 있다. 그중에서도 폴짝거리며 뛰는 섬서구메뚜기들이 배춧잎마다 구멍을 낸다. 땅 심 돋워서 농약 없이 키운 먹거리인지라 녀석들이 단체로 몰려들었다.

풀벌레를 잡으려고 쪼그려 앉아서 배춧잎을 들여다보았다. 섬서구메뚜기의 어미가 새끼를 등에 업고 있나. 오호라, 등에 올라탄 작은 녀석이 서방이로구나. 짝을 지은 암컷과 수컷이다. 녀석들은 겨울이 오기 전에 제 종족을 번식시키려고 연한 배추포기에 터 잡고 앉아 밭주인이 보는 줄도 모르고 태연히 서로 꽁지를 붙이고 '실뜨기'를 하는 중이다.

'실뜨기'는 어렸을 적 우리 자매들의 놀이였다. 젖 물려 아기를 재워 놓은 어머니는 우리에게 조용히 놀아야 한다며 실뜨기를 가르쳐 주었다. 동생과 나는 무릎을 맞대고 앉아 굵고 긴 실을 둥글게 매듭지어 실뜨기 놀이를 즐겨 했다. 순서대로 날틀, 쟁반, 젓가락, 베틀, 소눈깔, 절굿공이를 번갈아 만들며 실이 엉킬 때까지 소근 대며 놀았었다. 잠든 아기가 깨지 않도록 숨죽이고 집중해야 하는 놀이이다.

실뜨기를 좋아한 건 삼촌도 마찬가지였다. 삼촌은 군에서 제대하자마자 얼굴이 뽀얗고 눈이 가느스름한 아가씨와 맞선을 보더니 서둘러 장가를 갔다. 새살림을 나기 전에는 우리 집 건넌방에서 함께 살았는데 문 닫고 조용히 지내는 때가 많았다. 그때 어머니는 '삼촌네가 방에서 조용히 실뜨기를 할 때는 함부로 문 열고 들어가지 말라.'고 했다. 유년의 시절에는 삼촌 내외가 우리들처럼 정말 실뜨기 놀이를 하고 있는 줄 알았다. 사춘기를 거치며 어머니가 말한 또 다른 '실뜨기'의 의미를 이해하게 되었다.

곤충들의 '실뜨기'는 보기에 관능적이다. 등에 업혀 붙은 놈, 긴 꼬리를 말아 둥글게 모양을 만들고 둘이 붙은 채 하늘을 나는 놈, 뒤집어진 채로 데굴데굴 구르면서도 단단히 붙어 있는 놈, 나름 형이상학적인 오르가슴을 즐기는 것 같다. 그럼에도 음탕해 보이지는 않는다. 그들의 한살이 과정에서 후손을 남겨야 하는 사명使命이 인간이 추구하는 쾌락과는 사뭇 다르기 때문일까.

접사렌즈로 풀벌레들의 모습을 찍었다. 참깨 밭에서 사랑을 부르는 노린재는 엉덩이를 훼훼 흔들며 터울거리다가 짝이 정해지면 엉덩이끼리 잇댄다. 머리는 서로 반대편을 향한 채 미동도 없다. 미세한 움직임으로 사랑의 기쁨을 누리는 동안에는 사람의 인기척도 두려워하지 않는다.

왕사마귀의 사랑 방식은 독특하다. 수컷이 암컷의 등 위에 올라타고 사랑을 나눈 후 암컷이 수컷을 대가리부터 바수어 먹는다. 몸을 섞어 붙인 채 암컷에게 순순히 몸뚱이를 내주는 수사마귀는 고통스러울까, 아니면 지아비로서의 희생으로 만족할까.

남자들은 암사마귀를, '제 서방 잡아먹는 독한 년.'이라고 욕한다. 그러면서 자신들이 수컷 왕사마귀로 태어나지 않은 것이 천만다행이라며 밤이 늦도록 술잔을 부딪친다.

독한 암사마귀는 짝짓기와 동시에 이미 여자가 아니고 어미이기 때문이리라. 자연의 섭리는 오묘하고 경이롭다. 후손을 위해 넉넉히 양분을 섭취한 암컷은 몇 주 지나 돌 틈과 나무뿌리 사이에 알을 낳은 후 홀쭉해진 배와 기진한 팔과 다리를 숲에 내려놓는다. 먼저 보낸 수컷을 따라가려는 듯 기꺼이 생을 마친다. 숭고한 그들의 사랑 방식을 풀잎과 들꽃들은 알 것이다.

배추 포기마다 짝지은 섬서구메뚜기들을 가만히 보고 있자니 피식 웃음이 난다. 지난해 겨울, 앞산 고라니의 실뜨기를 눈치 챈 밤에 남편과 나누었던 그 일이 새삼 떠올랐기 때문이다.

흰 눈이 사르륵거리는 밤에 고라니가 '쿠왝 쿠왜액!' 비명에 가까운 괴성을 질렀다. 수고라니가 암컷을 부르는 소리이다.

그 소리를 듣고 성숙한 암컷이 찾아오면 고라니 부부는 그때부터 은밀한 실뜨기에 들어간다. 새봄에 태어날 새끼를 위해 수컷이 만든 보금자리에 신방을 차린 것이다. 짐승이나 곤충들의 실뜨기는 몇 시간, 혹은 며칠씩도 이어진다 하니 그들의 그 순간은 절실하고도 진지할 것이다.

짝을 정한 고라니가 실뜨기를 시작한 듯 숲이 조용해졌을 때쯤에 남편이 슬그머니 나를 흔들어 깨운다. 숲속마을에서 '자연과 친구 되어 살자.'고 한 남편은 신방 차린 고라니들이 부러웠나 보다. 우리도 실뜨기를 하잔다.

눈 내리는 겨울밤은 깊고 길다. 듣는 사람이 없는데도 우리는 숨죽이며 실뜨기를 시작했다. 조용히 날틀부터 시작하여 차례로 쟁반도 만들어 보고, 젓가락과 절굿공이도 만들어 본다. 공격도 하고 방어도 하며 한 쌍의 겨울 고라니가 되었었다.

숭숭 구멍난 배춧잎을 본다. 많이 먹어 두어야 할 섬서구메뚜기들의 삶이 절정에 이르렀다. 제 몸집의 열 배는 됨직한 암컷의 등 위에 작은 수컷이 가볍게 올라앉은 모습이다. 수컷은 옆으로 살짝 허리를 비틀어 암컷의 날개 밑으로 꽁지를 붙였다. 심지를 암컷에게 깊게 넣은 채 아무리 암컷이 폴짝이며 뛰어도 절대로 떨어지지 않는다. 그런 수컷의 모습은 작지만 당차 보였고, 길쭉한 주둥이를 내밀은 암컷은 풍만하며 수줍어 보였다. 잘 어울리는 한 쌍이다.

점점 날씨가 추워진다. 고단했던 한 생을 마치게 될 섬서구메뚜기들은 땅속에 알을 묻고 이제 곧 시들어 가는 풀숲에 몸을 누일 것이다.

살아있는 생명들의 실뜨기는 그들에게 주어진 사명이다. 풀벌레 잡는 일은 그만 두어야겠다. 배춧잎이 몇 닢 결딴난들 어떠랴. 풀벌레들의 향연을 축복하며 곧 끝나게 될 그들의 마지막 생生을 기다려 주자.

아침 공기가 싸늘하다. 배추밭 고랑에서 섬서구메뚜기들이 놀라지 않게 조용히 일어선다. 미물들의 삶이 예사롭지 않게 느껴지는 아침이다.

함 무 성　생 태 수 필 집

제2부

동물 - 나누다

자식들도 성인이 되어 어미 품을 떠나 가정을 꾸리고
제 자식을 기르느라 동분서주하니 얼굴보기도 어렵다.
어쩌면, 지지고 볶고 힘들게 살던 옛 시절이
그리운지도 모르겠다.
빈 둥지를 지키며 허전한 듯, 아릿한 듯,
의욕조차 저하되는 이 심리를 무슨 말로 표현해야하나.

— 본문 중에서

내 둥지로 날아 온 새

창문을 여니 새소리가 청량하다. 창백한 새벽달이 숲속마을을 은은하게 비추고 있는데 새들은 벌써 일어나 아침밥을 기다린다.

땅콩을 잘게 부수고 쌀과 들깨도 한줌씩 섞은 새 모이를 들고 소나무 아래로 가서 호이호이 휘파람을 불었다. 가까이에 있던 새들은 푸르릉 소리를 내며 높은 나무 가지위로 올라가서 기다리고, 멀리 있던 새들은 휘파람소리를 듣고 몰려든다. 소나무 가지 사이에 얹힌 새 밥그릇에 모이를 부어놓고 들어왔다.

작은 방 창문으로 새들의 아침식사 장면을 본다. 오늘은 몇 마리나 왔나. 또 어떤 새들이 왔나. 새벽마다 새들이 지저귀는 소리가 정원에 가득하지만 모습을 가까이 볼 수 없어서 참새 외에는 잘 아는 새가 없다.

떼새인 참새는 늘 무리지어 몰려다닌다. 녀석들은 진득하게 앉아서 모이를 먹지도 않고 한두 번 콕콕 쪼고는 포르릉 날아오르고, 나뭇가지에 좌우로 주둥이를 문질러 닦는다. 간혹 가지에 모여 앉은 녀석들은 친구의 털을 다듬어 주기도 하고 입맞춤도 잊지 않는다. 더러는 다투는 녀석들이 공격적으로 서로 부리를 부딪치며 높이 솟아올랐다가 땅으로 곤두박질치기도 하지만 이내 풀어져서 함께 모이를 먹는다. 창가에 앉아서 새들의 앙증스러운 모습을 보며 새 멍에 빠져본다.

지난겨울부터 새 먹이 주기를 시작했다. 수북하게 눈이 쌓인 겨울날, 아침 설거지를 하던 중에 주방 창문을 통해 새를 보았을 때부터이다. 자식들이 제 짝 찾아 다 떠난 후 눈 속에 묻힌 산속마을에서 우리 부부는 빈 둥지 증후군을 애써 외면하며 겨울을 보내고 있는 중이었다. 설거지 그릇이라야 밥공기 둘, 국그릇 둘, 김치보시기 하나, 김 접시 하나가 전부이지만, 그 시간에 마주치게 된 새들의 모습은 시린 가슴에 온기를 준다.

창밖의 죽단화 가지위에 참새들이 앉아서 쉬고 있었다. 마른 가지에 열매인양 달려있는 새들이 어림잡아 열 댓 마리는 되는 것 같다. 녀석들도 아침식사를 마치고 휴식 중인가. 찬 바람에 테니스공처럼 동그랗게 몸을 부풀리고 통통거리며, 사뿐거리며, 이쪽가지에서 저쪽가지로 옮겨 다니다가 한 녀석이 날아오르면 모두 따라 날아간다. 거의 같은 시간에 모여드는걸 보니 녀석들도 나름대로 생활규칙이 있나보다.

새들의 그 귀여운 모습이 어렸을 적의 내 자식들 같다. 긴 머리카락을 양 갈래로 묶어 방울을 달아주고, 예쁜 원피스를 입혀 놓으면, 언니 동생이 손을 잡고 팔랑거리며 놀이터로 뛰어 나가던 모습이 눈에 선하다.

그 자식들도 성인이 되어 어미 품을 떠나 가정을 꾸리고, 제 자식을 기르느라 동분서주하니 얼굴 보기도 어렵다. 어쩌면, 지지고 볶고 힘들게 살던 옛 시절이 그리운지도 모르겠다. 빈 둥지를 지키며 허전한 듯, 아릿한 듯, 의욕조차 저하되는 이 심리를 무슨 말로 표현해야하나.

새들의 엄마를 자초했다. 모이를 들고 휘파람 소리를 내면 집 뒤뜰로 여러 종류의 새들이 몰려온다. 그 중에서도 참새와 섞여서 생활하는 곤줄박이는 알록달록한 모습도 예쁘지만 친화력이 유독 많다. 참새들은 늘 모이를 주는데도 경계를 하지만, 곤줄박이는 하루가 다르게 거리를 좁히며 다가온다. 급기

야는 내 손바닥에까지 내려앉아 땅콩도 물고 간다. 생명이 있는 작은 것이 나를 신뢰하며, 내 손끝을 스치는 그 짧은 감촉이 주는 따듯함은 오롯이 나를 행복하게 한다. 어느새 곤줄박이는 어미 품에 매달리던 어린 딸의 모습이 된다.

봄이 왔다. 새싹들이 돋아나고, 털을 부풀리던 참새들은 가지런히 털을 가다듬어 홀쭉하다. 머지않아 새들은 숲에서 곤충을 먹으며 살찌우고, 가을이 오면 온갖 씨앗들을 먹게 되겠지. 새 모이 주는 일은 이제 멈추어도 되겠다.

작은 방 창 안에 숨어서 새들의 모습을 지켜보는 일상도 함께 멈출 때가 되었다. 이제는 겨울새를 보던 눈으로 봄꽃을 보며 빈 둥지의 허전함을 메워야할까.

소나무 가지 사이에 놓아두었던 새 모이그릇을 거두러 갔다. 곤줄박이는 또 모이를 주는 줄 알고 친근한 몸짓으로 내 주위를 맴도는데, 참새들은 겨우내 모이를 주던 엄마도 못 알아보고 놀란 듯 무리지어 날아간다.

꽃망울 부푸는 봄은 왔지만, 날아간 새들도, 눈에서 먼 자식들도, 남겨진 빈 둥지에는 관심도 없다. 떠나가는 모든 것들이 애달픈 하루다. 눈 쌓이는 겨울이 오면 나는 또다시 휘파람을 불며 새를 불러 모아야겠다.

모이그릇을 깨끗이 씻어서 선반위에 올려놓고 들어왔다.

어찌 보면 각자의 능력과 지혜대로 살아가는 우리 모두의 생존 방식도 거미와 같지 않을까. 거미나, 연이 아주머니나, 내 삶의 방식이 닮았다.

나는,

홀로여도 당당한 그 거미를 사랑하게 되었다. 거미가 망가진 제 집을 보수하듯 느슨해진 내 인식의 줄도 팽팽히 당겨본다.

— 본문 중에서

녹색거미

뜰에 새벽안개가 자욱하다. 요란스럽던 매미의 계절이 가고 거미의 계절이 왔나보다. 정원에 있는 소나무 가지마다 촘촘하게 올을 짜서 펼쳐놓은 거미줄에 이슬이 조롱조롱 맺혔다. 거미들이 지난밤에 나무 사이마다 집을 지었다. 어떤 집은 방사형으로, 또 어떤 집은 무질서하게 텐트 형으로 위치와 모양도 각양각색이다.

"여보세요. 집주인 안 계셔요?"

손나팔을 만들어 집주인도 불러보았다. 안개에 반쯤 가려진 순한 아침 풍경이다. 크고 작은 거미집들이 나무사이에 터 잡았다. 그물집 한 가운데 자리 잡은 거미가 보인다. 배가 유난히 통통하고 등에는 녹색을 얹고 다리에 짙은 갈색과 노란 띠를 둘렀다. 암컷 거미다. 날씨가 더 추워지기 전에 부지런히 영양보충을 해 두어야 알집도 짓고 알을 많이 낳기 위한 계획인가 보다. 거미를 음험하고 무서운 동물로 인식이 되어 있기도 하지만 초가을 새벽에 만난 거미는 진지하다. 생명이 있는 것들이 종족번식의 사명을 완수하려면 필사적일 수밖에 없겠다. 그들에게 남겨진 시간은 짧기 때문이다.

거미는 곤충이 아니다. 그에게는 날개도 없다. 여덟 개의 긴 다리와, 머리는 가슴에 붙고 암컷은 유독 배가 통통하고 수컷은 체구가 작다. 나는 이 괴이한 절지동물에게 호감이 갈 리 없었다. 더구나 으슥하게 덫을 놓아 남을 옭아매는 기분 나쁜 동물이 아니던가.

서서히 밝아오는 아침 햇살에 거미줄에 달린 이슬이 구슬처럼 반짝인다. 그들의 저택을 이슬이 장식한다. 차츰 이슬이 걷힌 후에도 덩치 좋은 거미는 제 집 한가운데서 미동도 없다. 시력도 약하고 날개도 없는 거미가 살아남기 위해서는 그물을 쳐서 먹이사냥을 할 수 밖에 없겠다. 뒤 늦게 집을 짓기 시작한 또 다른 거미는 항문 근처의 방적돌기에서 자아내는 실로 세로줄을 먼저 놓고, 밖에서부터 안쪽으로 빙글빙글 돌아 들어가며 정교하게 가로줄을 치는 모습이 경이롭다.

숲도, 하늘도 잠든 지난밤에 나는 글 집을 짓느라 모든 촉각을 곤두 세웠다. 때론 너무 감정이 격해서 단어의 의미가 겹도 없이 커져 숨 고르는 시간도 필요했고, 때론 너무 메말라 한참씩 고여 있는 연습도 했다. 흩어져 맴도는 단어와 문장들을 위로, 아래로, 가로와 세로로 풀었다가 잇는 일은 가히 뇌의 중노동이다. 홀로 있을 때는 무미건조하던 단어들이 몇을 조합하면 마치 화음을 내듯 아름다워지기도 한다. 문장을 짓는 일은 거미줄 치듯이 경이로운 일이 아닌가. 내면에서 숫구치는 감성을 문장화해서 누군가 볼 수 있게 흩뿌려 놓는 일에는 무한 책임이 필요하겠다. 불꽃같은 갈망을 숲에서 삭이며 순하고 따뜻한 문장을 찾으려 잠을 설친다. 그래도 지난밤 나의 글 집은 아침에 만난 거미집 보다 어림도 없이 부실하다.

거미줄은 공학적이다. 설계도 섬세하고, 재질은 가볍고 질기며 끈적이기 까지 하다. 그 끈적임은 가로줄에만 있고 세로줄에는 없다하니, 여덟 개의 다리로 더듬어 세로줄로만 다니는 거미는 제 몸은 줄에 잘 걸리지 않는다고 한다. 파리나 나비, 벌들에게만 '죽음의 덫'이다.

거미는 생존방식도 독특하다. 제 집의 한가운데 버티고 앉아 진동을 전달하는 경로인 방사형 바퀴살위에 여덟 개의 다리를 펼쳐 올려놓고 몸부림치는 먹잇감이 어느 부분에 붙었는지 진동으로 알아낸다고 한다. 먹잇감의 위치가 확인되면 제 몸에서 자아내는 실로 돌돌 말아 질식시킨 후 진액을 빨아 먹는다. 그물을 완성하고 한 가운데서 참선하듯 앉아서 기다리는 거미에게 있어 그 줄은 희망이며 진지한 사고의 도구이기도 하다. 거미는 줄을 조율하며 자기 자신의 정신도 함께 조율하는 사려 깊은 동물이 아닐까.

아침 출근을 서둘렀다. 불경기지만 그래도 사무실을 비울 수는 없다. 홀로 제 영역을 묵묵히 지키는 거미처럼 내 영역도 지키자. 사무실 어항속의 '구피'에게 먹이도 주고 그동안 쌓아 놓은 신문 뭉치와 종이 상자 등을 정리하고 '연이' 아주머니에게 전화를 했다.

환갑을 훌쩍 넘은 그녀는 뇌졸중으로 쓰러져 집안에서만 생활하는 남편을 대신해서 일거리를 찾아야 했다. 유모차를 이용하여 폐지와 고물을 모아 팔다가 리어카를 장만 했으니 나름 사업이 번창 했다고나 할까. 산더미 같은 폐지와 고물을 오전에 한 리어카, 오후에 한 리어카를 고물상으로 가져가면 일만오천원 남짓 받는다고 했다. 그 돈으로 두부 한모와 라면, 남편의 주전부리로 건빵 한 봉지를 사면 끝이다. 그녀 자신도 당뇨병을 앓고 있으면서 쇠약해진 몸으로 리어카를 잡고 다니면 그녀가 리어카를 끄는 것인지 리어카가 그녀를 미는 것인지 알 수도 없다.

이웃사람들은 그녀에게 이제는 험한 일 그만하라 재촉하지만'배운 것도 없고 자본도 없는 사람에게 이만한 일자리가 어디 있겠느냐.'며 궂은날도 마다 않고 거리를 누빈다.

하루는 그녀가 눈이 퉁퉁 부은 채로 폐지를 가지러 왔을 때였다. 남편이'고물을 모으는 일은 이제 하지 말라.'며 자기가 죽어야 당신이 이 고생을 안 할 거라는 말에 부부는 서로 많이 울었다고 했다. 그녀도 지병으로 하루하루 야위어가지만 그래도 보살펴야 할 남편이 있어 살아야겠다는 의욕이 솟는다며 건네준 냉수 한 컵을 달게 마셨다.

그녀의 동선이 거미줄이다. 까맣게 그을린 얼굴에 팔·다리도 앙상한 그녀는 율량동, 사천동, 주중동을 온종일 걷는다. 그녀는 서두르지도 않고 게으르지도 않게 거리를 누빈다. 고단한 자신의 일상이지만 희망으로 설계하고 종이상자가 버려진 거리를 깨끗이 정리하는 그녀에게 나는 '녹색거미'라고 별명을 붙였다. 아픈 남편은 그녀 삶의 원동력이고, 걷고 또 걷는 일은 그의 몸과 강인한 정신력을 키워주는 도구이다.'연이'아주머니는 꿋꿋이 제 삶을 가꾸는 거미를 닮았다.

퇴근해서 바로 아침의 그 거미집을 관찰했다. 몇 마리의 벌들과 당랑 권을 자랑하던 사마귀도 거미줄에 돌돌 감겨있다.

먹잇감의 사체가 달려 있는 채 거미는 망가진 제 집을 입체적으로 줄을 놓으며 부지런히 보수하고 있었다. 어찌 보면 각자의 능력과 지혜대로 살아가는 우리 모두의 생존방식도 거미와 같지 않을까.

아침에 나왔던 현관으로 다시 들어간다. 내 집안에서 나는 또다시 글 집을 짓는다. 어제의 격렬했던 사유의 집을 과감히 허물고 오늘은 옹달샘에 고인 물을 조금씩 퍼내듯 숨죽이며 글 끈을 잇는다.

나는, 홀로여도 당당한 그 거미를 사랑하게 되었다. 거미가 망가진 제 집을 보수하듯 느슨해진 내 인식의 줄도 팽팽히 당겨본다.

먹으려 하면
먹힐 수도 있는 것이 세상 이치이다.

— 본문 중에서

속 소리

찬비가 내린다. 흰 눈이 쌓인 숲속마을에서 동안거에 들
듯 겨울을 보내고 싶다. 젖은 마을모습이 고요하다. 열 세가
구가 모여 살아도 낮에는 모두 일터로 나가니 마을은 늘 비어
있다. 귓전에 들리는 소리가 아닌, 마음속에서 들려오는 소리
를 나름 속소리라 이름 지었다. 오늘은 그런 소리에 귀 기울
이고 싶은 날이다.

지난 늦가을, 모두가 가을걷이를 끝냈을 때다. 앞마당에 두
꺼비와 뱀과 검은 고양이 '까미'가 삼각으로 맞서며 서로 노리
고 있다. 뱀이 먹이사냥을 하려나보다. 우연히 마주치게 된
그 전운이 감돌던 때에도 주변은 지금처럼 고요했다.

검은 뱀은 사행운동을 하며 능갈맞게 두꺼비 주위를 돌고, 진흙뭉치 같은 두꺼비는 꿈쩍도 않고 있다. 고양이는 멀찍이 모과나무 아래에서 레이저 같은 눈빛을 뱀에게 쏘고 있었다. 아무 소리도 없었지만 그들은 치열했다.

두꺼비가 뱀에게 휘감기는 동시에 고양이의 날카로운 발톱이 그 덩어리를 덮칠 기세다. 먹기도 하고 먹히기도 하는 자연 생태계의 생존본능을 선과 악으로 구별할 이유는 없다. 먹으려 하면 먹힐 수도 있는 것이 세상 이치다. 그 상황을 뱀도 알아 차렸을까. 고양이를 의식하며 느릿하게 두꺼비 주위를 돌며 기회만 노리고 있었다. 바라보는 내 숨도 가쁘다.

사진기를 가지러 살며시 집 안으로 들어갔다 나오니 뱀이 어디론가 사라졌다. 두꺼비도, 고양이도 긴장을 푸는 중이다. 느린 두꺼비가 그 위기를 견뎌 낼 수 있었던 힘은 무엇이었을까. 내게도 독이 있다는 자신감 때문이었을까. 경거망동 하지 않은 대범함 때문이었을까. 긴장을 푼 두꺼비가 느릿느릿 돌 틈으로 들어간다. 고양이도 부드럽게 몸을 펴고 현관으로 다가온다. 뱀과 두꺼비와 고양이가 보여준 그 장면은 현재 우리네 삶의 현장과 같은 것이 아닐까.

문명이 발달하기 전 수렵으로 생계를 유지 하던 인간은 오감을 열어놓고 숲의 소리를 들어야만 했다. 눈으로 관찰하는 것보다 소리로 알아차릴 수 있는 상황이 훨씬 정확하기 때문이다. 자칫 먹힐 수도 있다는 것을 깨닫는 본능은 자연에서만 볼 수 있는 건 아니다.

요즘은 술수를 앞세우는 이익쟁탈이 치열함을 본다. 거친 말이 오면 더 거친 말로 기선제압 하려한다. 오늘같이 찬비가 내리는 고요한 날은 귀도 닫고 마음에 남아있던 말에 의한 상처도 잊고 싶다.

말 재주꾼들이 만들어 내는 겉 소리에 귀가 둔해져서 우리는 비정상을 정상으로 여기고, 때로 용인 할 수 없는 것을 용인하기도 한다.

얼마 전에 말 가시의 모서리에 찔렸다. 자존심이 많이 상했다. 그때는 혓바닥에 모래를 올려놓은 듯 했고, 뒤집어진 거북이가 되어 다시 제 위치로 돌아오기가 힘들기도 했었다. 정제되지 않은 겉 소리는 흉기다.

찬비에 속절없이 젖으며 서 있는 앞산의 나무들을 본다. 속세나 명리 따위와 관계없는 듯 서있는 나무들과 숲을 지나는 바람의 속소리도 듣고 싶다. 천년을 살아온 저 산의 바위들은 왜 할 말이 없으랴.

빗속에서도 침묵하는 마을 앞산을 바라보니 시를 읽거나 음악을 듣는 것처럼 평안하다. 한 방울의 물이 바다를 이룰 때 까지, '때로는 높이높이 산 위로 오르고, 때로는 깊이깊이 바다 밑에 잠기라.'는 옛 선사의 게송도 떠오른다.

고운 말이 그립다. 부드럽고 따뜻한 사람의 목소리만큼 치유력이 강한 약이 있을까.

다음 주에는 많이 추워진다고 한다. 땅속 깊은 곳에서 겨울을 보내고 있을 두꺼비도, 뒤뜰 죽단화 덤불 아래로 몸을 숨기던 검은 뱀도, 이 겨울을 잘 견뎌내고 따뜻한 봄에 다시 만나보고 싶다. 각자 삶의 지혜대로 살아가는 모든 생명체들의 나지막한 속소리가 들려오는 날이다.

어느새 찬비가 싸락눈이 되어 잔디마당위에 쌓인다.

저녁 내내 그는 티브이 보고
나는 구피 보고, 우리는 서로 다른 방향을 보고 산다.

— 본문 중에서

구피를 사랑해

거실에는 구피와 그가 상주한다. 구피는 어항에. 그는 쇼파에. 한 공간에 있으면서도 그 둘은 많이 다르다. 아니 생활하는 모습이 정 반대다.

그래도 한 가지는 같다. 그는 모든 음식을 '맛있다. 맛있다.' 하고, 구피도 언제나 같은 메뉴의 알갱이를 '맛있다. 맛있다.' 한다. 친구들에게 우리 집 삼식어른 이야기를 하면 그건 내 음식솜씨가 좋아서가 아니라 '네 남편이 밥 못 얻어먹을까.'봐 그러는 거라고 한다. 내가 수라간의 무수리 인가.

솜솜 뜯어봐도 그는 내가 보기에 참 못났다. 뒷머리는 살짝 곱슬머리에 앞머리는 숱이 줄어 머지않아 대머리가 될 지경이고, 숯 검댕이 눈썹에는 흰 털이 듬성듬성 나기 시작한다.

몇 가닥 흰 눈썹을 보리밭 깜부기 뽑듯 뽑아주려 하면 기절초풍하며 손사래를 친다. 삼손은 머리카락에서 힘이 나온다지만 그 양반은 눈썹에서 힘이 나오나. 푹 잠들었을 때 족집게 들고 살며시 다가가도 촉각이 얼마나 예민한지 금 새 벌떡 일어나 호통이다. 절대 눈썹에 손대지 말란다. 사극에서 자객이 한밤중에 몰래 들어와 칼을 치켜들었을 때 벌떡 일어나는 장군 같다.

그 뿐이랴. 삼시세끼 밥을 차려 주지만 살가운 감사표시 하나 없다. 단 둘이 살아도 조곤조곤 대화도 없고 텔레비전만 보며 마누라를 소 닭 보듯 한다. 최근에는 젖은 깨 바가지에 흑임자 붙은 것 같았던 얼굴의 점을 빼서 그나마 조금 깨끗해진 것이 다행이랄까. 참 별나다. 얼굴에 있는 검은 점은 빼면서 눈썹의 흰털은 왜 안 빼는지 불가사의한 일이다.

그가 텔레비전의 뉴스를 보는 동안 나는 구피가 사는 어항을 들여다본다. 얼마나 사랑스럽고 앙증맞은 생명들인가. 그는 쌀독이 푹푹 줄어가게 식량을 축내지만 구피는 작은 알갱이 먹이를 콩알만큼 하루 한 번만 먹으니 가계부에 피해를 주지도 않는다. 더욱이 새끼조차 순풍순풍 낳아서 어항속이 바글바글하니 이 아니 풍족한가.

그는 저녁때가 되면 밥이 다 되기도 전에 식탁에 수저 놓고 기다리고 있다. 청국장 끓이랴, 계란 부침 하랴, 가지나물 무치랴, 내 맘이 조급해지니 어찌 아니 밉상인가. 구피는 내 그림자만 일렁이면 모두 물위로 올라와 밥 달라고 하는 것도 사랑스럽기만 한데 내가 편견이 심한건가.

저녁휴식시간이다. 그는 소파에 양면테이프붙이고 누운 듯 붙어서 티브이만 보고 구피는 알록달록한 옷을 입고 날 위로 하느라 나풀나풀 춤을 춘다. 물 표면까지 올라갔다가 다시 곤두박질치는 묘기도 보이고 수초 사이를 들락거리며 재롱을 부리기도 한다. 지느러미가 화려한 수컷 두 마리는 통통한 암컷을 줄기차게 쫓아다니며 사랑을 고백하는데 그는 통통한 나와 눈도 안 맞추니 구피가 부럽다.

저녁 내내 그는 티브이보고, 나는 구피보고. 우리는 서로 다른 방향을 보고 산다. 활발하고 부지런하고 조금 먹고 나만 좋아하는 구피와, 못나고 무뚝뚝하고 소같이 먹어대는 그를 누가 더 좋은지 선택하기는 식은 죽 먹기다.

머지않아 그는 눈썹이 다 하얗게 변할 터이고 불룩 배가 될게 뻔 하니 아예 지금부터 정 떼는 것이 낫겠다.

정주고 정 받는 세상 아닌가. 구피만이 내 사랑.

닭은 눈이 아닌 뇌에서 빛을 감지한다.
뇌 속의 내분비기관인 송과체에서 멜라토닌이라는
호르몬을 분비하여 생체리듬을 조절한다고 한다.
닭도 수컷만 새벽 울음을 우니
그 호르몬은 수컷에게만 작용하는 걸까.
모든 동물의 수컷들은 다 새벽에 멜라토닌의 영향을 받을까.

— 본문 중에서

새벽을 여는 소리

밤의 끝자락이다. 먼동도 트이기 전 새소리가 요란하다. 건너 집 마을 회장님은 새소리가 시끄러워 새벽잠을 설친다며 볼멘소리를 한다. 그가 새벽이 주는 청량한 행복을 자랑하고 싶어 에둘러 표현하고 있음을 나는 안다.

지난밤 열대야를 피해 창문을 열어 놓고 잤다. 새벽에 내 귀에도 여러 종류의 새들이 동시에 우짖는 소리가 비몽사몽간에 소음으로 들렸다. 호르륵거리는 소리와 뻐꾸기 소리, 딱따구리 소리까지 요란하다. 왜 저렇게 단체로 시위하듯 소리를 낼까.

동물의 소리 중 새들의 노래만큼 아름다운 소리는 없다. 눈 쌓인 겨울동안 소나무 가지위에 새 모이를 주면서 새들을 불러 모은 것은 새들의 조잘댐을 듣고 싶어서였다. 그들의 언어는 몰라도 그들의 감정은 알 수 있을 것 같다.

몇 해 전에 먼 시골에 사는 친척이 꽃 닭인 '은수남' 한 쌍을 선물로 주신 적이 있다. 비둘기 보다는 조금 크고 토종닭보다는 작은 녀석들은 예쁘고 또 예뻤다. 청결미가 돋보이는 흰색에 깃털 끝 부분에는 마치 먹물 묻힌 붓으로 띠를 두른 듯 정교하게 선이 그어져 있고, 수컷의 볏은 선홍빛으로 머리에 화관을 올려놓은 듯하다. 더불어 암컷은 체구도 작고 머리위의 벼슬도 다소곳하여 잘 어울리는 한 쌍이다.

수컷은 '신비', 암컷은 '신바' 라고 이름 짓고 서둘러 닭 집도 장만했다. 텃밭 채소와 계란 노른자도 먹이고 모래도 갈아주며 돌보았다.

바뀐 환경 탓에 며칠은 조용하더니 드디어 소리를 내기 시작했다. 꾹꿰엑~. 거칠고 큰 울음소리에 경악했다. 무쇠 철판을 긁어대는 소리 같다. 저렇게 작고 예쁜 녀석이 듣기 싫은 소리를 내다니. 그 울음소리는 새벽마다 잠든 마을을 괴롭혔다.

수탉은 왜 새벽에 길게 목청을 돋우나. 눈 쌓인 시골마을에서 새벽을 알리는 수탉의 긴 울음소리는 시간의 경계를 알리고 귀신을 물러가게 한다는데, 거친 은수남의 울음소리는 민원을 부를 것 같아 조마조마했다. 손자는 닭의 새벽 울음은 호르몬의 영향이라고 했다. 동트기 직전에 울고 흐린 날은 좀 더 늦게 운다. 빛과 연관이 있을까.

닭은 눈이 아닌 뇌에서 빛을 감지한다. 뇌 속의 내분비기관인 송과체에서 멜라토닌이라는 호르몬을 분비하여 생체리듬을 조절한다고 한다. 닭도 수컷만 새벽 울음을 우니 그 호르몬은 수컷에게만 작용하는 걸까. 새벽에 노래하는 새도 수컷들 인가. 모든 동물의 수컷들은 다 새벽에 멜라토닌의 영향을 받을까.

동네 주민들로부터 우리 집 닭소리에 새벽잠을 설친다는 얘기가 솔솔 돈다. 민망하다. 아마 나라도 '왜 저렇게 새벽마다 괴성을 지르나.' 하고 짜증을 낼 법한 일이다. 마을에 더 피해를 주기 전에 결단을 내렸다.

대 숲과 함께 정원이 넓은 지인에게 보내기로 마음을 정했다. 용달 트럭에 닭장까지 실려 보내며 짧은 인연에 마음이 애젓했다.

새벽 숲의 새소리가 동이 터오니 잦아들었다. 그 소리는 하루를 여는 대문소리이며 제 영역을 뭇 생명들에게 알리는 소리다. 새벽의 기온과 빛, 음파전달이 용이한 시간은 그들이 맘껏 소리내기 좋은 시간이다. 서로의 노래를 들으면서 어린 새들은 또 노래를 배우기도 하는 시간이다. 무리를 이루어 번성하는 새들이 가득한 숲은 새소리가 더 커도 좋겠다. '은 수남' 처럼 멀리 보내지 않아도 되니 마음 놓고 우짖어도 좋 겠다.

숲속마을을 눈으로는 자연을 팔레트에 옮기듯 정의하고, 귀로는 새소리를 자연의 소리로 정의해 본다. 새소리에 잠을 깬 마을 주민들은 잘 학습된 '들을 귀'를 가진 행복한 사람들 이다.

거듭나려면 뱀처럼 허물을 버려야 하는데
누추한 나의 허물은 벗어버려야 할 때를 놓치고 산다.
허물에 갇혀서 성장하지 못하고 늘 제자리이다.

— 본문 중에서

뱀

장마기라지만 소나기와 땡볕이 번갈아 오간다. 한편에선 논바닥이 갈라지는 가뭄에 시달리고, 또 다른 지역에선 습한 감자밭에 지열이 높아져서 감자가 썩는다고 아우성이다. 아열대 기후를 닮아 가는가.

'나의 만다라'는 고요하다. 바위 주변의 풀과 나무들은 이파리마다 윤기를 내며 너울거리고 있다. 발소리에 놀라 철쭉나무 밑으로 새끼 뱀이 재빨리 숨는다. 냉혈동물이라지만 녀석에게도 가끔씩은 온기가 필요하여 나왔었나 보다.

처음 숲속마을로 이사 왔을 때는 집 주변에서 더러 뱀도 만나고, 녀석들이 벗어놓은 허물도 눈에 띄었었는데 요즘은 보기 어렵다. 아마도 야생 고양이가 늘어난 탓인가.

내가 여덟 살 무렵, 학교에서 돌아와 안방에 책보를 던져놓고 돌아서는데 구석에서 무엇인가 꿈틀거리고 있었다.

"뱀이닷!"

거무스름한 뱀이 똬리를 풀며 출구를 찾는 중이다. 소스라치게 놀라는 내 목소리에 어머니는 긴 싸리 빗자루를 들고 뛰어 들어와서는, "얼른 나가시게! 여기는 올 자리가 아니네."하며 조심스럽게 뱀을 마당으로 쓸어 내셨다. 검은 뱀은 판자 울타리 밑으로 유유히 미끄러져 사라졌다.

뱀 무덤을 만든 기억도 있다. 학교 근처의 '사뜸다리' 아래 하천 변으로 사내아이들이 부지런히 돌멩이를 던지며, 구경하던 내게도 던지란다. 저 뱀이 죽지 않으면 오늘밤에 우리 집으로 찾아온다고 했다. 안방에까지 들어왔던 검은 뱀에 대한 두려움이 떠올랐다. 정신없이 신작로에서 돌을 주어다 함께 던졌다. 순식간에 뱀은 돌무덤에 묻혔다.

뱀은 정말 싫다. 번질거리는 긴 몸뚱어리와 두 갈래의 혀를 날름거리는 모습은 소름이 끼치게 한다. 혐오감을 주는 외형뿐만 아니라 에덴동산에서 선악과를 따먹게 한 교활하고 간교한 동물이 아니던가.

뱀은 저주의 대상이기도 하다. 거의 모든 동물들은 길든 짧든 다리가 있는데, 조물주에게 그 흔한 다리조차 받지 못하고, 땅을 기며 어두운 굴속에서 살아야 할 운명이다. 싹수가 없는 망동에게는 "에라이. 뱀처럼 기어서 흙이나 먹고 살아라."라고 악담의 소재가 되기도 했다.

그러나 성서에는 "너희는 뱀처럼 지혜롭고."라고 쓰여 있고, '길가메시 신화'에서는 귀한 불로초를 '영리하고 지혜로운 뱀'이 훔쳐갔다고 나온다. 불뱀에 물린 자는 장대 끝에 달린 놋뱀을 쳐다보기만 해도 치유가 된다는 구약성경의 이야기는 오래도록 궁금증을 자아냈다. 놋뱀은 신약성경에서 십자가에 달리신 예수 그리스도를 예표한 것으로, 복음은 의외로 단순하게 받아들이라는 뜻으로 이해되기까지는 오랜 시간이걸렸다. 그런데 왜 하필 뱀일까.

예로부터 뱀은 우리 생활에 깊숙이 들어와 있었다. 옛 어른들은 뱀도 '업'이라며 한 집안의 살림을 보호하거나 보살펴 준다고 믿었다. 지붕 밑이나 부엌의 나뭇짐 속에 있는 구렁이도 함부로 내치지 않았다. 또한 용을 임금의 상징이라고 하여, 옷은 곤룡포, 바다의 임금은 용왕이라고 하지 않았나. 부처님도 기근과 역병에 시달리는 중생들을 구하기 위해 스스로 뱀으로 변신하여 '나가'라고 불리기도 했다. 그리스의 신화에도 적잖이 등장하는 동물이 뱀이다.

꽃과 여인과 나비를 즐겨 그리던 화가 천경자는, '생태'라는 제목으로 뱀 무더기를 그렸다. 가난하여 여동생이 병으로 죽어가는 것을 지켜볼 수밖에 없었고, 자신의 불행했던 결혼생활로 절망에 빠졌을 때였다. 화가는 스스로에게 채찍을 가하는 심정으로 뱀 장수의 집을 찾아갔다. 심리적 고통 속에서, 화가는 꿈틀거리며 서로를 옭거는 뱀의 역동적인 생명력이 자신의 구원이 될지도 모른다며 뱀 집을 찾았고, 주인은 그 화가에게 서슴없이 유리로 된 뱀 상자를 덮은 덮개를 벗겨주었다.

화가는 전신에 돋아나는 소름을 눌러가며 서른다섯 마리의 뱀 덩어리를 그렸다. "나는 생을 갈구했고, 그 속엔 저항과 뜨거운 열기가 공존했다."라며 뱀과 마주했던 심정을 표현했다.

한참을 들여다본 뱀 그림에서는 느슨했던 온몸의 촉각들이 곤두서는 것 같고, 천길 낭떠러지 위의 출렁다리에 선 것 같은 공포심도 몰려왔다. 참 이상하게도 그 불편함 앞에서 힘이 주어짐을 느꼈다.

천경자 화백의 인내와 용기와 도전이 이해가 되며, 그의 예술성에 감탄하고, 한편 끝없이 사랑을 갈구했던 여성성에 연민을 느끼기도 했다. 그의 뱀 그림 작업은 삶에 대한 치열한 도전이며 애착의 과정이었다.

뱀은 치유와 회복, 그리고 재생의 의미가 있다고 한다. 세계보건기구의 마크에는 한가운데 세워진 파란색 지팡이에 뱀이 감겨져 있다. 구급차에도 지팡이를 감고 있는 뱀이 그려져 있고, 의사협회의 '헤르메스 지팡이'에는 뱀이 두 마리나 감고 올라갔다. 그리스 신화에서 의술의 신 '아스클레오피스'는 뱀이 약초를 찾아내는 특별한 능력이 있다 하여 한 손에 항상 뱀이 감긴 지팡이를 들고 다녔다고 한다.

풀 섶에서 허옇게 바랜 뱀 허물을 마주한 적이 있다. 뱀은 오롯이 스스로의 힘만으로 제 껍질을 벗어놓고 사라진다. 소나무도 껍질을 터트리며 성장하듯 허물은 과거이며 성장통의 흔적이다. 뱀에게서 허물을 벗는 일은 새로 태어나는 부활이다.

거듭나려면 뱀처럼 허물을 버려야 하는데 누추한 나의 허물은 벗어버려야 할 때를 놓치고 산다. 허물에 갇혀서 성장하지 못하고 늘 제자리이다. 허물을 벗지 못한 나는 용서와 포용에도 인색했다.

"뱀처럼 지혜롭고."라는 말을 되새기며, 뱀에 대한 편견에서 조금은 유연해질 수 있을 것 같다.

소나기가 또 한줄금 내리려나. 하늘이 어둑해진다. 만다라 바위 밑을 빠르게 기어서 숨는 새끼 뱀도 몸이 자랄 때마다 허물을 벗고 지혜롭게 성장했으면 좋겠다. 내 오래된 기억 속의 '밤'에 대한 공포를 서서히 밀어내도 될 것 같다.

발가락 속에 깊이 숨겨진 고양이 발톱은 날카로운 무기이다.
싸움도 치열하다. 야생 고양이들과의 싸움에서
번번이 다리를 찢긴 루키는 오랫동안 두려움에 움츠러들었다.

― 본문 중에서

루키

마당가에 차를 세웠다. 오늘도 '루키'는 마중을 나오지 않았다. 요즘 부쩍 의기소침해진 것 같다. 해가 지고 나면 마을로 모여드는 야생 고양이들 때문인 듯하다. 젊은 야생 고양이들을 대적하기에는 열네 살 루키는 힘이 부족할 나이가 되었다.

차 소리만 듣고도 현관의 자동 센서등을 켜고 마중을 나와서 기다렸다는 듯 '야옹' 하며 뒤집어 배를 내보이던 녀석이다. 비가 온 날은 화단가의 징검돌을 딛고 물 묻은 발을 번갈아 털어내며 발레를 하듯 마중 나오던 아이였다.

루키를 처음 만난 건 14년 전이다. 푸들 강아지를 안고 애견용품점에 갔을 때였다. 초등학교 저학년인 듯 보이는 사내

아이는 예쁜 '샴' 고양이를 안고서 내게 말을 붙였다.

동물을 좋아하느냐, 아파트는 몇 평에 사느냐, 가족은 몇이냐, 시시콜콜 호구조사를 하더니 제 고양이를 맡아달라고 한다. 기르려고 샀는데 강력히 반대하는 아버지 때문에 도로 물리러 왔지만 안 받아준단다. 집으로 다시 데려갈 수도 없다며 울먹인다. 입양되었다가 파양 당하는 고양이도 딱하지만 고양이 주인의 처지도 딱하다. 그렇다 해도 푸들 외에 집에 또 다른 강아지들이 있으니 더이상은 기를 수 없어 냉정히 거절했다.

내가 애견용품을 고르며 매장 안을 이리저리 다니는 동안에도 사내아이는 계속 따라다니며 조른다.

"아줌마는 왠지 잘 길러 주실 것 같아요. 제 이름은 '석범이'이고, 이 아이는 '루키'예요. 태어난 지 두 달 되었어요."

아이는 거의 울음이 터지기 직전이었다. 난감했지만 고양이 신세나 사내아이의 처지를 보니 더이상 거절하기도 어려웠다.

"그래. 아줌마가 길러 볼게. 보고 싶으면 언제라도 보러 오고, 길러도 될 형편이 되면 언제라도 데려가도 좋아."

약속을 하고 루키를 받아 안았다. 그날 저녁에 석범이와 그 엄마는 루키의 집과 모래상자며 사료까지 챙겨들고 와서 고맙다며 인사를 하고 갔다. 그 후 석범이는 일주일이 멀다 하고 루키를 만나러 간식을 사들고 와서는 한참씩 놀다 가곤 했다.

루키는 귀공자 같았다. 네 발끝은 초콜릿 빛깔의 장화를 신은 듯하고, 턱밑과 배는 우윳빛의 털이 반지르르하다.

바닥에 턱을 대고 납작 엎드린 채 유난히 긴 꼬리를 좌로, 우로 흔들며 눈을 맞추는 모습이 사랑스럽기 그지없다. 고양이는 꼬리로 의사표현을 한다. 자는 듯이 눈 감고 엎드려 있어도 "루키야." 하고 부르면 꼬리를 살짝 들고 흔든다. 날이 갈수록 루키에게 정이 들었다.

루키가 사랑을 독차지하니 거실은 동물들의 싸움터가 되었다. 텃세하는 강아지들의 공격을 받는 고양이도 성깔이 만만치 않다. 이빨을 드러내고 으르렁대는 강아지와, 오른쪽 앞다리를 들어 발톱을 세우고 툭툭 펀치를 날리는 고양이의 싸움은 살벌하다.

녀석들이 끈질기게 싸우는 데는 이유가 있었다. 고양이는 기분이 좋으면 꼬리를 깃대처럼 치켜세운다. 강아지는 꼬리를 세우고 서서히 다가오는 고양이가 자기를 공격하려는 줄 알고 역시 꼬리를 세우고 이빨을 드러내며 덤빈다. 같이 꼬리를 치켜들고 있어도 마음은 정반대이다. 예로부터 개와 고양이는 앙숙이라는데 아마도 의사표현 방식이 달라서 서로 오해를 하나 보다.

그러고 보니 우리 부부도 개와 고양이 조합같이 소통이 안되고 이해 못할 때가 많다. 술만 해도 그렇다. 남편은 기분이 좋은 날이면 술을 마시고, 나는 속상하고 기분이 나쁘면 마신다. 남편은 기분이 나쁜 날이면 밖으로 휙 나가고, 나는 기분이 나쁘면 문 닫고 방구석에 고치를 짓는 누에처럼 들어앉는다.

시간이 지나고 나니 녀석들은 서로의 정체성을 잊은 채 고양이는 개인 듯, 개는 고양이인 듯 밥도 나누어 먹으며 잘 지낸다. 세월 가니 우리 부부도 그렇다. 개와 고양이처럼 그냥 그렇게 산다.

동물병원에서 루키를 중성화시켜서 데리고 오던 날, 불현듯 소록도 환자들이 머물던 막사의 벽에 붙은 '단종대'라는 시구가 떠올랐다.

> 사춘기에 꿈꾸던 사랑의 꿈은 깨어지고
> 내 청춘을 통곡하며 누워있노라.
> 장래 손자를 보겠다던 어머니의 모습
> 내 수술대 위에서
> 가물거린다.

스물다섯 살 그 청년이 정관을 차단하는 차가운 메스가 국부에 닿을 때 불효를 통곡하는 모습이 눈에 선하여 내 마음도 아프게 했었다.

나는 루키에게 큰 빚을 졌다. 내가 얼마나 이기적이며 폭력적이었던가. 루키를 품에 안고 죄스러워서 하늘에 서원을 했다. 루키에게 주어진 생의 끝날까지 부모의 심정으로 책임지기로 다짐을 한 것이다. 아파트를 떠나 마당 넓은 숲속마을로 이사를 한 것도 동물들과의 약속도 한 몫을 한 것일 게다.

주택으로 이사 온 후 아파트 실내에서 살던 루키에게 실외에 집을 마련해 주었다. 아늑한 처마밑에 큼직한 항아리를 뉘어놓고 방석을 깔았다. 흙을 일구어 놓은 채마밭은 루키의 화장실이었고 아늑한 나무 숲속은 루키의 은신처였다.

맘껏 사랑을 받고 있다고 생각한 루키는 가끔 생쥐나 작은 새를 잡아다가 현관 앞에 가져다놓고 칭찬 받기를 기다린다. 그럴때 마다 선물 고맙다고 칭찬해주고 간식으로 보상해 준다.

야행성인 고양이들은 낮에는 숨어 잠자고 밤이면 활동을 했는데 야생 고양이가 많은 숲속마을에는 밤마다 영역다툼으로 싸움이 일어났다. 굶주린 야생 고양이들은 루키 밥그릇을 향해 도둑처럼 다가왔고 두려움에 떠는 루키는 그때마다 괴성을 지른다. 남편과 나는 잠옷 바람으로 뛰어나가 냄비를 두드리며 침입자를 쫓아 보지만 영리한 고양이들은 적당한 거리만큼 피해서는 눈을 반짝이며 쳐다보곤 한다. 녀석들은 밤이면 또 쳐들어 올 것이다.

발가락 속에 깊이 숨겨진 고양이 발톱은 날카로운 무기이다. 싸움도 치열하다. 야생 고양이들과의 싸움에서 번번이 다리를 찢긴 루키는 오랫동안 두려움에 움츠러들었다. 젊은 야생 고양이 떼들을, 늙은 루키 혼자서 당해 낼 수는 없는 노릇이다. 한 달이 멀다 하고 병원을 드나들어야 하는 루키는 겁도 많아지고 응석도 늘어만 갔다.

응석쟁이 루키가 잔디에서 노는 모습을 찍어서 석범이 엄마에게 보냈다. 뜻밖의 소식에 석범이 엄마는 반가워하며 루키가 행복해 보인다고 했다. 석범이 소식도 전해주었다.

청년이 된 석범이는 해군에 입대하였고 곧 휴가를 나오기로 되어 있으니 그때 같이 루키를 보러 오겠다고 했다. 그렇게도 인정 많던 어린 소년이 벌써 씩씩한 군인이 되었다니 그 소식도 반갑다. 하얀 해군 제복을 입은 청년과 루키가 정원에서 재회하는 장면은 생각만 해도 가슴이 뛰었다. 루키와 함께 석범이가 올 때를 손꼽아 기다렸다.

어쩐 일일까. 여름이 다 가도록 석범이는 오지 않았다. 행여 루키를 잊었을까. 거수경례를 하며 들어서서 루키를 안아주는 모습을 사진으로 남기고 싶었는데 허사가 되었다. 첫 주인으로부터 잊혀가는 루키를 바라보는 내내 마음이 짠했다.

통조림 깡통을 두드렸다. 어딘가에 숨어있던 루키가 유난히 긴 꼬리를 깃대처럼 치켜세우고 통통거리며 달려온다. 늘 내 맘을 따뜻하게 해 주던 내 사랑 루키! 이제 두 달만 지나면 루키와 가족이 된 지 열다섯 해가 된다. 루키가 오래오래 건강하고 행복했으면 좋겠다.

'모가지가 길어서.'의 슬픔은 노천명과 모딜리아니가 같다.
작은 두상에 긴 목을 늘여 풀싹을 먹고사는 어미고라니의 죽음에서
슬픔을 느낀다.
인간의 원초적인 외로움이 내 모가지조차 길게 늘이는 하루다
모가지가 길어서 슬픈 고라니여!

— 본문 중에서

모가지가 길어서

숲속마을의 진입로는 외길이다. 첫 마을, 가운데 마을, 윗 마을에 사는 가구 수가 서른 가구쯤 되니 적어도 이 길을 왕래하는 차는 마흔 대는 넘겠다. 새벽 일찍 집을 나섰다.

도로 한 옆에 죽은 고라니가 반 쯤 풀에 묻혀 자는 듯이 누워있다. 차를 세웠다. 아마도 지난 늦은 밤에 귀가하는 차에 부딪쳤나보다. 상처는 안 보이는데 부른 배를 보니 새끼를 배어 움직임이 둔했었나보다. 새벽길에서 마주한 어미 고라니의 주검은 저온 화상을 입은 듯 뭉근한 충격이다.

속리산 국립공원 끝자락인 앞산에는 고라니가 많다. 자주 마을에 내려와서 화단의 채송화나 텃밭의 상추를 남겨놓지 않지만 사슴처럼 예쁘고 순한 고라니와 함께 사는 것도 나쁘지는 않다. 저녁 늦게 퇴근하다보면 어린 고라니가 차 잎에서 피할 생각도 없이 빤히 바라 볼 때도 있다. 잠시 멈춰서 라이트를 끄면 그때서야 숲으로 달아난다. 햇살 좋은 날에는 앞산의 산책로를 따라 산성으로 오르는 오솔길을 걷다보면 멧돼지의 흙 목욕하던 자리, 검은 분변 무더기도 심심찮게 눈에 띈다. 청청하게 살아있는 산속에는 우리네 일상처럼 분주히 삶을 이어가는 동, 식물들이 많아서 좋다. 그럼에도 가끔씩 마주하게 되는 '로드 킬'의 처참한 모습은 많은 것을 생각하게 한다.

마을회장님께 고라니의 주검을 알렸다. 주민 서 너 분이 내려와서 고라니를 수습했다. 운구하듯 고라니를 들고 앞산을 오르는 주민들도 안타까움에 말문이 닫혔다.

곧 태어날 새끼를 품은 채 사고를 당한 어미고라니의 죽음은 세상 모든 어미들의 자식사랑, 새끼에 대한 사랑을 가늠해 보게 한다. 살고 죽는 것이 어디 계획대로 이루어지는가. 마을 분들이 앞산 도토리 숲에 정성껏 고라니를 묻었다. 비탈을 내려오며 생生과 사死가 같은 시, 공간에 있음을 실감하는 하루다.

고라니가 죽은 이유를 군이 유추하자면 '모가지가 길어서'

이지 않을까.

뱃속의 새끼를 보호하느라 느리게 움직이고 속력 빠른 야간 주행 차의 불빛에 미처 피하지 못하고 머리를 부딪친 건 아닌지. 고독과 곤궁으로 일생을 마친 시인 노천명의 '모가지가 길어서 슬픈 짐승이여.'라는 시가 생각났다.

노천명 시인은 모가지가 긴것을 왜 슬프게 보았을까.

선하고 우아하면서도 쓸쓸해 보이는 사슴의 모습에 '어찌할 수 없는 향수에 슬픈 모가지를 하고 먼데 산을 쳐다본다.'에 자신의 깊은 고독과 이상에 대한 그리움을 표현한 것인지. 사립문 안에서 타향으로 길 떠난 자식을 기다리는 어미는 '목이 빠지게' 자식을 기다린다고 표현한다. 외로움과 그리움은 목을 길게 늘이게 하는 건가.

아탈리아의 화가 모딜리아니도 목이 긴 인물화를 즐겨 그렸다. 그는 기형적으로 긴 목과 얼굴, 코를 그리고, 둥근 어깨, 눈동자 없이 텅 빈 눈, 살짝 기울어진 머리, 어찌 보면 인체의 비례를 무시하고 괴기스러울 만큼 과장된 인물화를 많이 남겼다. 그 눈동자 없는 초상화를 한참동안 바라보면 외롭고 그리운 것에 매달리고 있는 내 모습인 듯 묘한 감정에 빠진다.

모딜리아니의 인물화는 길어서 슬퍼 보인다. 불운했던 천재 화가는 전통적인 인물화 표현을 넘어 마치 싸움이라도 걸려는 듯 〈아방가르드〉 화파를 추구하며 뜨겁고 파괴적인 작품 활동으로 자신의 삶을 그림 속에 넣었다. 자신에게 일생 동안 따라다니던 가난과 불확실한 미래를 눈동자 없는 눈으로 허공을 응시하는 여인의 초상에 담아, 보는 이들 조차 애잔하게 한다. 그의 인물화는 하나같이 균형을 비틀었지만 긴 목과 다소곳이 조아린 머리는 그림 속 여인들을 아름답다고 표현하는데 이견이 없을 것이다.

'모가지가 길어서'의 슬픔은 노천명과 모딜리아니가 비슷하다. 귀여운 얼굴에 긴 목을 늘여 풀싹을 먹고사는 어미고라니의 죽음에도 슬픔이 가득 고여 있다. 인간의 원초적인 외로움이 내 모가지도 길게 늘이는 하루였다.

모가지가 길어서 슬픈 고라니여!

함무성 생태수필집

제3부

인간 — 잇다

'죽으면 다 탑세기일 뿐이지'

— 본문 중에서

먼지

산동네는 해도 일찍 숨는다. 쌓인 눈이 얼어붙기 전에 일찍 퇴근했다. 현관문을 여니 아직 남은 겨울 햇빛이 책장아래까지 깊숙이 들어간다. 햇빛을 받은 먼지들이 반짝이며 일제히 날아오른다. 언제 저렇게 쌓였을까. 한 집에서 살았으면서도 눈에 띄지 않았었다. 어둠에 숨고 빛에 몸을 드러내니 너는 양심이냐. 흑심이냐.

한동안 의기소침 했다. 나는 당연히 할일을 했는데 사람들은 내게 흑심이 있을 거라고 수근 댔다. 겉으론 담담한 척 했어도 실은 마음의 상처가 컸다. 화장을 지우고 거울 앞에 앉았다. 피부는 거칠고 표정조차 굳은 모습이 정말로 흑심을 품은 사람 같다. 억지 미소를 한 번 지어보고 마른 장미색 루즈를 발랐다. 손아귀에 잡히지 않는 먼지와의 전쟁이다.

이런저런 종류의 무수한 먼지들. 인체에 해를 주기도 하지만 먼지가 없는 세상은 사람도 살수 없다고 한다. 비 내림에도 먼지가 필요하고 아름다운 별도 먼지의 뭉침이라니 전쟁이라고까지 말할 필요는 없겠다. 우주에서 먼지 같은 내 존재도 태어난 이유가 있겠지. 젖은 수건으로 책장을 꼼꼼히 닦았다.

먼지들은 어느 뿌리에서 자라나 내 방에 터 잡았나. 침묵으로 숨어서 집주인도 먼지만큼 작은 줄을 진즉에 알고 있었나. '천상천하 유아독존'이라는 말이 생각난다. 불교에서 나온 그 말은 천지간에 자기가 가장 존귀 하다고 존재감을 심어주는 말이라는데 요즘의 나는 존재감은커녕 먼지만큼 작아졌다. 누구에게도 비판 받지 않고 먼지처럼 숨어서 부유하고 싶다.

시골마을 작은 암자의 농부 스님을 찾아갔다. 배추농사를 지으며 불심을 전한다고 했다. 처음 맞이한 스님은 승복도 입지 않은 허름한 차림새였지만 얼굴에는 평안함이 가득하다. 방 한옆에 쪼그려 앉은 낯선 손님에게 따뜻한 전기장판 위에 올라앉으라며 효소차를 내주신다. 먼지를 어떻게 정의하는지 조심스럽게 질문했다. 요즘 내가 자존감이 많이 떨어졌다는 얘기와, 불교의 '유아독존'에 대한 설법을 듣고 싶었다. 우주에서의 나는 먼지일 뿐인데 오로지 고유하고 존귀하다는 내 존재의 당위성을 인정받고 싶었다.

스님은 아무 말 없이 내 질문을 듣기만 한다. 침묵의 시간이 길었다. 하나 더하기 하나는 둘이 되는 수학 공식 같은 답을 기대했던 나는 오히려 질문이 부끄러웠다. 아니 한편으로는 내 질문이 철없나. 스님은 내 말을 대수롭지 않다는 듯 흘리는 것 같았다.

사막을 건너려면 그저 묵묵히 걸어야만 한다고 했다. 앞장섰던 일이 어느 때는 잘한 것 같고, 또 어느 때는 무모한 짓 한 것 같아 후회스럽기도 했다. 모든 사람의 생각이 다 나와 같지는 않겠지만 그래도 누군가는 내 편이 되어 내 자존감을 세워주기를 바랬다.

스님이 천천히 입을 열었다. 내 궁금증은 다 잊은 듯 느닷없이 저 아랫동네 홀로 살던 노인이 죽었다는 얘기를 꺼낸다. 아마도 망자의 극락왕생을 축원하고 오셨나보다. 사람이 죽으면 그 주검만 치우면 끝나는 것이 아니란다. 그 사람과 연이 닿았던 모든 살림도구들, 구석구석에 쌓인 낡은 농기계들까지 쓰레기가 몇 트럭은 됨직 하다고 했다.

'죽으면 다 탑세기일 뿐이지.'

탑세기. 먼지. 내 머릿속으로 무언가 번쩍하며 떠오른다. 스님은 내 질문에 긴 설명을 하지 않았지만 묵언으로 설명한다. 모든 것은 '죽고 부서질 것'이지만 살아있는 한 자존감을 가지고 '나다운 삶'에서 주저하지 말라는 뜻이겠다.

생명체들은 언젠가는 해체되어 무無로 돌아간다. 한 알의 먼지가 된다. 그러나 살아있는 한 앞에 놓인 허들을 연거푸 뛰어 넘을 수 있는 힘은 긍정의 자존감에서 나온다. '유아독존'이 움츠러든 나를 일으킨다. 매듭이 풀리는 것 같다. 방문을 나서니 가늘게 눈발이 날렸다.

먼지는 셀 수도 없다. 날아올랐다가 서서히 다시 앉을 자리를 찾는 그것들은 생명도 없는 것이 제멋대로 살아있는 듯 움직인다. 먼지를 닦아내며 댓돌 위에서서 손 인사를 하던 그 농부스님을 생각한다. 겨울동안 방문도 닫고 마음문도 닫고 살았으니 이래저래 쌓인 먼지가 좀체 줄지 않는다.

짧은 겨울햇빛이 순식간에 사라지니 먼지들도 다 숨었다. 가볍게 날기 위해 더욱 작아지며 서서히 낮은 곳으로 내려앉는 먼지. 그 속성을 마주하며 내 방에 먼지의 기거를 기꺼이 허락한다. 나는 더 작아져도 좋은 귀한 먼지다.

금창초는 암울했던 그때를 떠올리게 한다.
무엇이 두려워서 바닥에 납작 엎드려 생명을 이어가는가.
남의 눈에 띌까보아 꽃대도 올리지 못하고
꽃망울조차 잎 짬에 숨겨 놓았나.

— 본문 중에서

금창초

봄꽃이 지고 있다. 정원에는 언제 왔는지 이름 모를 풀꽃도 눈에 띈다. 단풍나무아래 놓인 너른 바위에는 붉은색의 지의류도 덮이기 시작했다. 적응과 진화에 뛰어난 지의류처럼 내 산속 마을 생활도 이제 적응이 되어가나 보다.

얼핏 보니 바위 옆 잔디위에 보라색 작은 꽃송이가 흩어져 있다. 비탈에서 피던 팥꽃이 지면서 바람에 날려 왔나. 가만히 살펴보았다. 보랏빛 작은 꽃이 솜털이 다복한 잎 사이를 비집고 올라왔다. 금창초다.

이른 봄 냉이처럼 땅바닥에 달라붙어서 허리를 굽혀야 볼 수 있는 금창초가 언제부터 이곳에 있었을까. 지난해에는 보지 못했다. 땅을 기듯이 옆으로 번지고 잎겨드랑이에 다닥다닥 좁쌀 같은 꽃망울을 달았다. 올해 우연히 개화기에 보게 되었다.

올망졸망한 어린 딸들을 치마폭에 감싸던 엄마처럼 금창초는 잎을 펼쳐놓고 틈새에 꽃망울을 숨겼다. 형이 먼저 폈다 지고나면 다시 아우가 피도록 어미는 꽃 자식들을 조심스레 숨기듯이 피운다.

금창초는 쇠붙이로 된 칼이나 창, 화살 따위에 다친 상처를 치료하는데 쓰이는 약초라고 한다. 정원에 많은 야생화를 심었지만 이 식물은 저절로 내게로 온 귀한 야생화다. 따듯한 남쪽지방에서 자라는 여러해살이 풀이라는데 기후가 점차 온난화되다보니 이 산속마을까지 왔나. 군데군데 한 무더기씩 자리를 잡았다. 아마도 지난해부터 있었지 싶다.

4월부터 피기 시작한다는 꽃송이가 없었다면 누구도 잔디밭에 금창초가 있는지 알지 못했을 것이다. 추운 겨울을 견디고 올라왔으면서도 맘껏 꽃대도 못 올린 채 간신히 꽃망울을 달았다. 들키지 않으려는 듯 숨어서 핀 금창초 꽃을 보니 불현듯 혼란스럽던 나의 청년기가 떠올랐다.

중학교에 입학했던 해의 4월이었다. 교단위에 서신 교장 선생님은 '도청에서부터 학생들이 시위를 하고 있으니 하교

길에는 곧장 집으로 가야한다.'고 하셨다. 수업이 끝나자 알
파벳을 쓰던 잉크 묻은 손을 씻지도 못하고 서둘러 집으로 향
했다.

그때 서문대교 위에는 이미 최루가스가 자욱했고 교복을
입은 남학생들이 풍비박산하듯 흩어졌다가 다시 뭉치곤 하는
아수라장이었다. 시위대는 다리위에서 체육관을 향해 서쪽
으로 밀고 나가려하고 경찰들은 바리케이트를 치며 막았다.

폭죽처럼 공중에서 터지는 최루가스 냄새는 뗩고도 매웠
다. 그 가스를 코와 입으로 들이마시며 시위대를 피해 무심천
뚝 길로 겨우 빠져 나왔다. 얼굴은 눈물과 콧물로 범벅이 되
었고 흐드러지게 핀 무심천변의 벚꽃나무에도 자욱하게 최루
가스가 스며있었다. 숨 쉬가 힘들었다. 그 봄은 이제 막 달거
리를 시작한 나를 이래저래 불안과 혼란에 빠트렸다.

그 시위는 당시 이승만정권의 부정선거와 독재에 항거한
시민혁명의 시작이었다.

이제 막 고등학교에 입학한 남학생의 눈에 최루탄이 박힌
채 마산 앞바다에서 시신으로 발견되었다는 소식이 전해지자
시민과 학생들의 분노는 들불처럼 전국으로 번졌다.

아침에 등교하면 도청이 있는 문화동에 사는 친구들은 집
으로 뛰어 들어 온 시위참여 남학생을 어머니가 장롱에 숨겨

주었다고 했고, 또 다른 친구는 나무 몽둥이에 맞으며 끌려가는 오빠들을 보고 울었다고도 했다.

시위 과정에서는 수많은 사람들이 목숨을 잃었지만 저항은 끈질겼다. 독재와 부정으로 점철된 대한민국 제1공화국은 학생들로부터 시작된 민주주의 시민혁명으로 끝내 막을 내렸다. 국가의 주권이 국민에게 있음을 상징하는 역사적 사건이다. 그 후로도 청년기를 거치는 동안 혁명이니 쿠데타니 하며 전국에서 일어나던 시위는 젊은 날의 내 이상理想마저 흐리게 했다.

투쟁하는 젊은이들을 바라만 볼 것인가. 아니면 깨어있는 시선으로 함께 분노할 것인가. 나의 청년기는 시대적 혼란으로 균형 감각을 찾기 힘든 시기였다.

정의란 무엇인가. 민주주의란 무엇인가.

민주화를 위해서 희생도 감수하겠다던 서양화를 공부하던 선배는 전기고문 당한 오른 팔 안쪽의 흔적을 내게 보여주며 동참을 부탁하기도 했다. 그 선배는 늘 운동화 끈을 단단히 조여매고 유사시에 달아날 후문을 염두에 두고 있었다. 어느 날 화실로 급습한 경찰을 알아차리고 슬그머니 뒷문으로 나가 옆 건물 옥상으로 뛰어내려 달아났던 선배소식을 그 후로 듣지 못했다.

혼돈의 터널은 길었다. 정당한 목적에는 수단을 가릴 필요가 없다고 주장하는 이도 있지만, 목적을 위한 부당한 수단이 과연 정의일까. 분별과 판단이 어려웠다. 용기도 없고 소심한 나는 억압으로 광고 면이 텅 빈 일간신문을 매일 열 부씩 사서 주변에 나누어주는 일로 선배들의 뜻에 겨우 동참했었다.

금창초는 암울했던 그 때를 떠올리게 한다. 무엇이 두려워서 바닥에 납작 엎드려 생명을 이어가는가. 남의 눈에 띌까 보아 꽃대도 올리지 못하고 꽃망울조차 겨우 잎 짬에 숨겨 놓았나. 꽃말이 '참사랑', '희생'이라는 고운 뜻은 누가 붙여주었을까.

금창초는 자기의 권리와 의무를 충실히 행사하겠다며 저항하고 숨어 다니던 화실의 그 선배와 닮았다. 땅에 붙은 잎과 작은 꽃을 떠어보았을 뿐인데 왜 내 속에서 쫓기던 청춘들이 떠올랐을까

이제 한두 달 지나면 보랏빛 금창초 꽃도 질 터이다. 그리고는 없는 듯이 또 한해를 마무리 할 것이다. 그 풀꽃이 애처롭기도 하고 장하기도 하다. 금창초 꽃 위에 벚꽃과 초경과 체루가스가 뒤엉긴 그 봄이 어른거린다.

그 때가 어렴풋이나마 삶의 가치를 찾으려는 나의 첫 출발 시기가 아니었을까 싶다.

초록 잎들이 타울거리며 여름을 향해 가고 있다. 큰 나무와 키 낮은 금창초를 번갈아 본다. 숨어서 꽃 피워도 괜찮다. 그 꽃도 희망인줄 나는 안다. 키 낮으니 거센 바람도 두려워 할 것 없고 한겨울 추위에 언다 해도 그건 잠시일 뿐, 봄은 오고야 만다. 앓고 나면 부쩍 크는 아기들처럼 내 젊은 날의 '성장통'은 사물에 대한 분별력을 키워준 스승이었다.

다소곳한 금창초. 내년에는 더 넓게 번져나기를 기다려본다.

새벽마다 목청 돋워 우는 강이 울음소리는
한 달이 지나서야 줄어들었다.
강이를 달래기에 전전긍긍하느라
구름이에 대한 애도의 시간을 자질 새도 없었다.
대장 견 구름이. 사랑한다. 잊지 앓으마.

— 본문 중에서

이웃

우리 가족인 풍산개 '구름이와 강이'와 함께 먹을 계란을 매일 네 개씩 삶았었다. 불볕더위에 수많은 동물들이 희생되고 있다는 소식이 들려올 적마다 털 북숭이 풍산개가 걱정 되었다. 숲속마을이지만 우리 동네도 불볕은 어김없다. 더위에 헐떡거리는 구름이와 강이에게 지하수 한 동이를 내어주고 머리를 쓰다듬으며 '잘 견디자'라고 인사하고 출근했다. 그 일이 구름이와 마지막이었다.

이제는 계란을 세 개만 삶는다. 홀로 남은 강이는 매일 새벽마다 늑대울음 같은 피울음을 운다. 울음소리가 숲속마을 골짜기를 상실의 아픔으로 가득 채운다.

행여 울음소리에 불길한 생각은 갖지 않을까. 마을 주민들께 죄송하다. 카톡으로 문자를 보냈다.

새벽마다 우는 우리 집 '강이' 울음소리에 불편하실 마을 분들께 죄송합니다. 일주일전에 장군 같았던 노견 '구름이'가 불볕더위를 이기지 못하고 끝내 떠났습니다. 사람나이로 치면 90살이 훌쩍 넘었다지만 아픈 곳은 없었지요. 사람이나 동물이나 상실의 충격은 같은가봅니다. 14년을 함께 살았던 강이가 일주일째 먹지도 않고 으영거리며 피울음을 울고만 있으니 애가 탑니다. 조금씩 나아지도록 최선을 다해 돌보고있습니다. 이해해주시기를 부탁드립니다.

- 너무 애타게 울어서 안타까울 뿐 불편하다고 생각은 안합니다. 비록 동물이라 해도 얼마나 애통하면 그렇게 슬프게 우는지...
- 죽음, 헤어짐, 외로움의 고통이 오죽하겠습니까. 슬퍼서 절규하는 소리인줄 알기에 불편하지 않습니다. 두 분 많이 서운하실 텐데 위로 드리겠습니다.
- 우는게 안타까워 어찌나 마음이 아픈지 애처롭네요.

불편하지 않으니 마음 잘 다스리시고 하루 빨리 힘내
시길 바랍니다.

- 먼저 깊은 위로의 말씀을 드립니다. 14년이라는 시간
  은 가족 그 자체였는데 강이도 구름이와 함께 한 기억이
  많았을 겁니다. 강이도 상실감을 느끼는 건 당연합니
  다. 강이에게 이렇게 말해주세요. "우리 강이야! 구름
  이도 너와 함께 한 시간이 정말 행복 했을 거야. 강이
  도 힘들겠지만 우리함께 잘 버텨보자. 너도 소중한 가
  족이니까."

  강이도 상처를 치유할 시간이 필요 합니다, 시간이 모
  든 것을 해결 해 줄 겁니다.

- 참 고운 정서를 갖으신 마을 분들께 저도 고맙습니다.

- 그동안에 안타까운 일이 있었네요. 깊은 위로 드립니다.

- 선생님! 구름이 하늘나라 갔다는 소식 오늘 알았어요.
  너무 슬프네요. 좋은 곳에서 편히 쉬길 기도합니다.
  홀로 남은 강이도 안쓰럽네요. 선생님도 맘 잘 추스리
  셔요 .제 맘도 아프네요.

- 힘드시겠습니다. 웬일인가 했습니다. 어떤 말을 해도 충
  분한 위로가 되지 않을 것입니다. 힘내시길 바랍니다.

- 아! 그랬군요. 하루 빨리 강이가 건강 잃지 않고 좋아

지기를 바랍니다.

넓게 이해해주시고 위로해주서서 고맙습니다.
강이와 함께 잘 이겨내겠습니다. 숲속마을 이웃이 진정
한 가족입니다.

새벽마다 목청 돋워 우는 강이 울음소리는 한 달이 지나서
야 줄어들었다. 강이를 달래기에 전전긍긍하느라 구름이에
대한 애도의 시간도 못 가졌다.
대장 견 구름이. 사랑한다. 잊지 않으마.

노 교수님은 인사하면서 개똥모자를 위로 추겨들었다.

"제 머리는 이렇습니다"

그의 정수리가 번쩍 빛난다. 머리카락은 한 올도 없다.

우리는 동시에 웃음을 터트렸다. 누가 보여 달랬나.

아니면 민머리도 자랑인가.

교수님은 늘 웃음을 만들어 내기위해

몸 개그에 버금가는 망가지기 작전도 마다하지 않으신다.

"내 이름은 박영수 인데 가운데 '수'자를 빼면,

'박수'. 한번 쳐 보시지요"

— 본문 중에서

먹뱅이 이발사

요즘 남자들의 머리모양을 유심히 관찰하는 중이다. 남편은 미장원에 가서 머리 깎기를 싫어한다. 아니 쑥스러워한다. 날도 더운데 뒷목덜미까지 덥수룩한 것이 보기 답답해서 할 수 없이 내가 깎아보기로 했다.

미용재료 파는 곳에서 머리깎기에 필요한 도구도 장만하고 인터넷으로 '바리깡으로 남자머리 깎는 법'도 살펴봤다. 모임에 갔을 때나 길에 다닐 때도 온통 모든 남자들의 머리 모양에만 눈길이 간다. 연세 드신 어머니들은 희든, 검든 라면머리가 대세인데 남자들 머리는 각양각색이다.

옆머리와 뒷머리를 치켜 올리고 정수리만 수북한 후투티

새의 머리, 장발을 찰랑이는 아가씨같은 남자. 바리깡으로 시원하게 밀어버린 스님머리, 말갈기처럼 앞에서 뒤로 한 줄 만 남기고 양옆은 깎아버린 말 머리, 긴 머리를 위로 치켜 올려 상투를 튼 주전자 꼭지머리, 앞 가리마 7대3의 멋쟁이. 앞 가리마 5대5의 쪽진 아줌마 머리. 이마에 흉이 있나 앞머리만 단발머리. 머리카락은 다 날리고 구렛나루만 텁수룩한 남자. 머리숱이 적어 뽀글뽀글 볶아 부풀린 머리. 그뿐인가 자세히 살펴보니 가발 뒤쪽이 초가지붕처럼 들린 사람, 왼쪽 머리칼을 정수리를 거쳐 오른쪽 귀까지 붙인 사람, 이렇게 다양한 헤어스타일이 있는지 몰랐다.

공연장 뒤쪽에 앉아 앞 사람들의 뒤통수를 관찰해보니 머리카락 모양뿐만 아니라 두상도 각양각색이다. 목이 짧고 아래턱이 더부룩한 개구리 두상, 어깨위에 머리가 붙은 메주두상, 골파 씨 두상, 핸드볼 같은 두상, 속으로 웃음을 참으며 남편의 두상을 떠올려본다.

가는 목에 역 사다리 모양인데 젊었을 때 수북하던 머리숱은 다 어디로 가고 겨우 속 살 안보일 정도만 남았다. 나이 들어 영양이 부족하니 머리카락들도 붙어있기가 힘들었나보다. 다행히 뒤 목덜미 위는 머리카락이 풍성하니 대머리가 되더라도 위에 모자만 쓰면 남들의 모르겠지.

지난해 특강 때 노 교수님은 인사하면서 머리에 쓴 개똥모자를 위로 번쩍 추켜들었다.

"제 머리는 이렇습니다"

　그의 정수리가 번쩍 빛난다. 머리카락은 한 올도 없다. 우리는 동시에 웃음을 터트렸다. 누가 보여 달랬나. 아니면 민머리도 자랑인가. 교수님은 늘 웃음을 만들어 내기위해 몸 개그에 버금가는 망가지기 작전도 마다하지 않으신다.

"내 이름은 박영수인데 가운데 '수'자를 빼면, '박수'. 한번 쳐보시지요"

　잠시 노 교수님의 모습을 떠올리며 남편을 의자위에 앉히고 어깨위에 망토를 둘렀다. 인터넷으로 배우고 미장원에서 본대로 그럴싸하게 폼 잡으며 빗과 가위를 이용하여 긴 머리를 대충 걷어 냈다. 다음은 바리깡으로 살짝살짝 위로 치켜올리며 다듬었는데 졸던 남편이 '끄떡'하는 바람에 앗차! 뒷머리 가운데가 뭉텅 잘렸다.

　어쩌나. 쥐가 파먹은 모양이다. 그렇다고 그 길이에 맞게 나머지 머리도 자르다 보면 군 입대하려는 청년머리같이 될 터이다. 고매한 남편의 품격을 하루아침에 떨어뜨릴 수는 없다. 다행히도 사람의 뒤통수에는 눈이 없으니 남편은 알아차리지 못 하겠지.

머리카락이 계속 자라는 건 신의 배려이다. 한 달 만 참고 남편밥상에 영양 풍족한 음식을 한상 가득 올리면 잘려나가고 남겨진 머리칼 녀석들도 우쭉우쭉 자라겠지. 일상에서 실수했어도 머리카락 자라듯 만회 할 수 있는 기회가 많다면 얼마나 좋을까.

뒷목덜미 면도까지 마치고 스펀지 솔로 깨끗이 털어내니 덥수룩했던 머리가 말끔해졌다. 몇 번 더 깎다보면 나의 이발 솜씨도 늘겠지. 그때쯤 되면 마을 주민의 머리도 깎아주고 이발료도 반액세일로 받으면 어떨까.

로시니의 세빌리아 이발사. 무싱이의 먹뱅이 이발사. 만만세.

아버지
사람들은 내 이름만 들으면 탱크가 생각난대
튼튼하고 건강한건 좋은 거야

— 본문 중에서

내 이름

아버지. 왜 내 이름을 남자같이 지어줬어.

네 증조할아버지가 지으셨지. 무자戊子년에 칠성七星에서 우
리 장손이 태어 날거라며.

손자가 아니라서 할아버지가 섭섭하셨을까.

점지 해 준 삼신할머니한테 조금 섭섭하셨겠지.

친구들은 예쁜 이름이 많던데.

대신 네 동생들 이름이 예쁘잖니.

국군장병 아저씨한테 위문편지를 보내도 한 번도 답장을
못 받았어.

네 편지글이 맘에 안 들었나보지.

친구들은 내 편지를 베껴냈는데 답장을 받았거든. 이름이 미워서 그런가봐.

사람은 이름대로 살려고 노력하지.

별무, 별성이면 나는 별인가.

그럼. 사람들은 별을 보며 사색도 하고, 별에 그리움을 심기도 하지.

멀리 떨어져 있어서 외롭잖아.

적당히 멀리 있는 게 좋을 때도 있어.

사람들은 내 이름만 들으면 탱크가 생각난데.

튼튼하고 건강한건 좋은 거야.

국군장병 아저씨들도 나를 묵직한 탱크로 상상했을까.

글을 안보고 이름만으로 상상하는 건 그 아저씨들이 실수한거지.

그랬겠지. 답장한 친구들의 글도 내가 썼는지 몰랐을 테니까.

그래서 세상 모든 일은 눈에 보이는 대로만 판단하면 안 돼

아버지. 별같이 멀어서 외로울 때는 어떻게 해.

사람은 누구나 다 외로워. 안 그런 척 할 뿐이지.

사람이 죽으면 별이 되나.

넌 이미 별에 갔다가 다시 온 거야.

아버지. 난 내 이름이 좋아. 고마워.

엉겅퀴의 삶에서 만다라 수행을 본다.
모든 것은 결국 해체되리라.

― 본문 중에서

엉겅퀴

뜨락에 아침 이슬이 채 마르지 않았다. 평소에는 아침잠이 많았는데 지난밤에 꿈자리가 뒤숭숭하여 새벽잠을 설쳤다. 나의 만다라에 갔다. 어른 예닐곱은 둘러앉을 만한 흰색 너럭바위와 그보다 작은 검은 바위, 또 그보다 조금 더 작은 검은 바위가 삼각형을 이루며 놓여있는 곳을 중심으로 빙 둘러 '나' 만다라 주변에는 단풍나무와 소나무들이 자라고 사피소나무 아래 쌓아놓은 모래 더미에는 집고양이 '루키'가 제 화장실도 만들어 놓았다. 바위 옆 소나무에는 가끔 손가락으로 튕겨 버리고 싶은 송충이도 눈에 띄지만 그곳의 모든 생명체가 만다라의 구성원이라서 그냥 지켜보기로 했다. 나의 만다라는 작은 부분이지만 이 공간에서 자연을 관찰하고 명상하기에도 좋다.

오래전 중국여행 때 만다라를 제작하는 스님들을 본 적이 있다. 수행의 과정으로 가느다란 대롱에 색 고운 모래를 넣고 숨죽여 가며 그림으로 만들고 있었다. 여러 명의 수행자들이 둘러앉아 만다라에 들어가 진리와 우주를 형상화하는 고도의 훈련을 하는 중이었다. 집중하여 몇날 며칠에 걸쳐 모래그림을 완성시킨다.

큰스님은 완성된 만다라를 보며 설법 후 한순간에 허물어 버린다. 이게 무슨 일인가. 무상하다. 큰스님은 인생의 경로와 우주의 질서를 설명하고, 최후의 완성은 모든 것이 공空하고, 공空하다는 걸 깨우쳐 준다.

해체가 진정한 완성이다.

서너 평 남짓한 나의 만다라에서 생각한다. 무수한 생명체들은 탄생하고 번식하여 영화를 누리다가 마침내 해체된다. 바위에 기대앉자 가만히 둘러본다. 검은 바위 옆에는 해묵은 철쭉, 엉겅퀴들, 망초들이 터를 잡았다. 바위 밑 청색 돌을 들춰보니 굵은 지렁이가 흙 한 점 묻히지 않고 윤기를 내며 서서히 구멍으로 숨는다. 올해 유난히 극성을 부리는 황주까막노래기들도 습한 곳에서 고물거리고 달팽이도 더듬이를 좌우로 흔들며 느릿하게 움직이고 있다. 지상의 생명체들은 햇빛을 받으려 안간힘을 쓰고, 지하의 생명체들은 어둠을 안식처로 삼는다. 이 생명체들을 통하여 삶을 더 볼 수 있을까.

요즘은 엉겅퀴를 세세하게 살피고 있다. 너럭바위 아래 바짝 붙어 자라는 엉겅퀴는 이제 시들어가고 있다. 보랏빛 꽃이 활짝 피었을 때 꽃송이 속에 머리를 박고 꿀을 모으던 벌들도 뜸해졌는데 자세히 보니 꽃받침 아래에 한두 마리씩 죽어서 매달린 벌들이 보인다. 가시에 찔렸나. 엉겅퀴에 독이 있었을까. 이곳저곳에 흩어져서 피고 있는 엉겅퀴 꽃들마다 죽은 벌들이 매달려 있다. 마치 순교자의 모습같이 경건한 벌들의 시체는 어찌된 일인가.

몇 해 전 야산에서 옮겨온 엉겅퀴 한 그루가 해를 거듭하여 번지더니 이제는 뜰 이곳저곳에 퍼졌다. 털과 가시가 달린 잎을 사방으로 활짝 펴고 있어 정원을 돌아보려면 조심조심 피해 다녀야 한다. 약초로서도 으뜸이라지만 그 맑은 보랏빛 꽃 색깔은 어느 꽃과도 견줄 수 없이 고와서 마구 퍼져도 그냥 내버려 두었었다.

여러 그루의 엉겅퀴 중에서도 너럭바위 틈에 자리 잡고 거세게 자라는 '왕 엉겅퀴'가 나는 좋다. 튼실한 꽃대와 누구도 접근하지 못하도록 잎 끝에 날카로운 가시를 달았다. 엉겅퀴

의 꽃말이 '엄격, 고독한 사람, 독립'이라는 뜻을 지녔다 하니
더욱 호감이 간다.

매사를 망설이고 끈기조차 부족해서 무슨 일이든 시작만
그럴듯한 나는 엉겅퀴의 그 어엿한 위세와 끈질기게 확장해
나가는 열정이 부럽다. 오늘 나는 엉겅퀴의 삶에서 만다라 수
행의 의미를 찾는다.

여기 아무것도 없습니다.
이제부터 만다라를 만듭니다.
그리고 해체합니다.
지금 아무것도 없습니다.

엉겅퀴의 씨앗은 보일 듯 말 듯 아주 작다. 그러나 다 자란
엉겅퀴는 마치 창과 방패로 무장한 장군 같은 모습이다. 하늘
을 향해 사방으로 펼친 잎 끝마다 가시를 달고 '네모 메 임퓨
네 라세시트(누구든 나를 건들면 무사하지 못하리라).'를 외치고 있
다. 척박한 땅에서도 잘 자라고 퍼져 나가는 속도도 빠르다.
고독하지만 엄격하고 독립적이라는 꽃말이 잘 어울린다.

꽃과 벌의 공생이 절정이었을 때 꿀벌들은 머리를 엉겅퀴
꽃 속에 들이밀고 엉덩이를 하늘로 치켜든 채 꿀을 모았었다.
뒷다리에는 노란 꽃가루를 한 덩이씩 달고 일벌의 사명을 다

하고 있었는데 시들어가는 꽃송이 아래 벌들이 죽어 매달린 사건의 실마리가 풀렸다. 벌들은 불꽃같은 삶을 완성했고 이제 조용히 해체되는 중이었다.

일벌들이 육각형의 방 하나에 꿀을 가득 채우려면 팔천 송이의 꽃이 필요하다는데 삼십여 일 남짓 부여받은 생애 동안 그 많은 꿀을 모으려니 엄청난 노동량이 짐작이 간다. 그들은 지쳤다. 여왕벌의 군사로서 사명을 다하고 기력이 쇠하여 제 집까지 돌아가지 못하고 꿀을 머금은 채 생을 마친 것이다. 고단했던 시대의 우리들의 아버지 모습이 저러하지 않았을까. 꽃 아래 매달린 벌들이 바람결에 건들거리고 있다.

꿀을 내주고 씨앗을 맺은 엉겅퀴는 이제 서서히 화려했던 성을 허물고 최후의 완성을 향해 가고 있다. 솜털을 낙하산 삼아 바람을 타고 유영하듯 떠난다. 가벼운 몸으로 바람이 세게 불어주기를 기다린다.

'이제 아무것도 없습니다.'

엉겅퀴의 삶에서 만다라 수행을 본다. 모든 것은 결국 해체되리라. 생성되고 번성한 후 평온하게 무無로 돌아가는 우주의 섭리가 그곳에도 있었다. 긴장했던 숨을 내쉬며 나의 만다라를 둘러본다.

언젠가는 나도 해체될 것이다.

새 봄이 오면 명자나무는 어김없이
다홍색과 분홍색 꽃을 함께 피우겠지요.
그리고
가을이 오면
실한 열매들을 맺을 겁니다.

— 본문 중에서

명자나무

여름이 떠나고 있습니다. 장독대 옆에서 큰 키를 자랑하던 노루오줌 꽃도 다 졌네요. 잎조차 말라서 뽑아내기로 했습니다. 시든 꽃무더기를 들어내자 주변이 훤해지고 숨어있던 명자나무의 몸체가 드러났습니다. 심은 지 서너 해가 되다 보니 밑 둥이 제법 굵어졌고 주먹만 한 열매를 소복하게 달았네요.

많은 봄꽃들 중에도 단아하고 청순하게 피는 명자나무의 꽃은 마치 고명딸처럼 예쁘고 귀한 자태를 지녔지요. 그러나 나는 장독대 옆의 이 명자나무를 좋아하지는 않았습니다. 노루오줌 꽃 덤불 속에 묻혀 있어도 관심도 안 주었지요.

이 나무는 분재 전문가인 남편의 친구가 꽃 색이 다른 가지를 접목해서 선물로 보내준 것입니다. 다홍이려면 모두 다홍꽃으로, 연한분홍이려면 모두 분홍색 꽃이어야지 한 나무에 색상 차이가 너무 큰 두 가지 색으로 피는 것이 영 어색했지요.

그러고 보니 이 명자나무는 우리 부부를 닮은 듯합니다. 두 가지 꽃 색이 해를 거듭해도 절대로 섞여지지 않는 것이 그렇습니다. 우리는 늘 '도'와 '레'의 만남 같은 불협화음을 내며 살고 있습니다.

텃밭 가꾸기만 해도 그렇지요. 나는 채소는 채소끼리 심어야 한다고 주장하고, 남편은 꽃밭 사이에 군데군데 채소를 심어 꽃나무와 함께 어울리게 하는 것이 좋다고 합니다. 그 때문에 나는 쑥갓을 따려면 작약 밭 앞으로 가고, 상추를 따려면 라일락 밭으로 갑니다. 방울토마토를 따려면 고추밭 골로 들어가야 하지요. 불편합니다.

남편도 나름의 신념은 있습니다. 고추밭에 토마토를 심으면 고추 포기에 병이 안   생기고, 작약밭에 쑥갓을 심으면 작약 꽃이 지고 난 후 노란 쑥갓 꽃을 볼 수 있다고 하네요. 우리 집 정원은 채소밭인지 꽃밭인지 분간이 안 됩니다.

우리는 매사에 티격태격입니다. 나는 마당의 수돗가에 아치를 세우고 장미 넝쿨을 올리고 싶어 하고, 남편은 인공 구조물을 정원에 들이는 것을 절대 반대합니다. 그뿐인가요. 나는 잔디 위에 아이보리색 파라솔을 펼쳐 놓길 좋아하고, 남편은 벌똥이 앉는다고 연신 걷어다 모셔놓습니다. 그러다 보니 나는 본의 아니게 잔소리꾼이 되었고, 남편은 사춘기 중학생처럼 고집불통입니다. 어쩌겠습니까. 이 끝없는 어긋남을.

늘 엇박을 치는 우리 두 사람 사이에 큰 사달이 났던 적이 있습니다. 나는 술 취한 사람을 싫어하고, 남편은 술과 친구를 엄청 좋아하는 것이 문제였지요. 자정이 넘은 시간에 술에 흠뻑 젖은 채로 아랫집 동생과 어깨동무를 하고 비틀거리며 들어오네요. 형님, 동생하면서도 자존심 싸움을 하던 중인가 봅니다.

술이 이미 한계치를 넘은 듯한데 또 술상을 내오랍니다. 지금이 도대체 몇 시인가요. 어이가 없어서 못 들은 체하고 담요 한 장을 들고 밖으로 나와 차에 올랐지요. 몸은 피곤하고 분통이 터질 지경입니다.

담요를 뒤집어쓰고 잠을 청해 보지만 자꾸 신경이 가시처럼 곤두서네요. 한참 후 마을 동생이 나가는 소리가 들려 안으로 들어갔습니다.

"도대체 이 집에는 당신 혼자 사느냐!"고 냅다 소리를 질렀지요. 남편은 적반하장도 유분수지. "아니, 이 지지배가 어디서 큰소리야!"하며, 잘나가던 일에 산통을 깨 놓았다고 나보다 더 크게 소리를 치더군요. 이럴 땐 참지 말아야 하겠지요. 쿠션과 책을 닥치는 대로 던졌지요. 순식간에 거실은 난장판이 되었습니다. 그리고는 사흘 동안 싸고 드러누웠습니다.

낙원이 졸지에 실낙원으로 변했어요. 집안에 불빛은 꺼지고 뱃멀미처럼 어지러웠습니다. 신뢰와 존경이 사라졌는데 사랑이 남아 있을 리가 있나요. 갈등이 인간의 본성이라지만 우리에게는 피차 설득이 불가능했습니다. 서로 상대방을 통제하려고 하였지요. 누가 그걸 좋아하겠어요. 마음이 답답합니다. 압력밥솥은 며칠 동안 방학했고, 단식하는 정치인마냥 나도 물만 마셨습니다.

친구를 만나기로 했습니다. 식당에서 함께 밥을 먹으며 다툰 이야기를 했더니 친구는 갑자기 배꼽을 잡고 깔깔 웃더군요. "세상에나! 우리 나이에 지지배 소리를 들으니 얼마나 행복하냐."며 당장 가서 화해를 하라고 하네요.

우리는 굴러가는 낙엽만 보아도 웃음이 나던 시절에 만났습니다. 식탁에 마주앉아 아침밥을 먹고 싶은 것이 소원이었던 시절이지요. 그때 내 눈에 씌워진 콩깍지는 아직도 그대로인데 그가 이렇게 망가지다니요. 술이 가득 들어가니 간이 배 밖으로 밀려나오나 봅니다.

이대로는 하루하루가 불행입니다. 어떻게든 화해를 해야겠지요. 흰 종이 두 장을 준비하고 각자 잘못한 일을 모두 적자고 제안을 했습니다.

나는 주방 식탁에 앉아서 욕했던 것, 불만스러웠던 것들을 다 적었지요. 거실 책상에서 쓰고 있는 남편을 슬쩍 보니 종이 한 장을 가득 채우고 있더군요. 지은 죄가 그렇게 많았나 봅니다.

우리는 각자 종이를 접어서 마당으로 나가 넙죽 바위 아래에 앉았습니다. 접은 종이에 불을 붙여 태우며 마음속으로 기도했습니다. 다 잊게 하시고, 상처조차 아물려 달라구요. 사그라져가는 재티는 순식간에 흔적도 안 남기고 날아가 버렸습니다. 괴로운 마음도 함께 날려 보내기로 했지요. 어쩌겠습니까. 죽으나 사나 함께 살아야 하니.

그 후 우리는 불문율 같은 그 일을 서로 한 번도 입에 올리지 않았었는데, 오늘 명자나무를 보니 생각이 납니다. 그렇지. 접붙여 놓은 명자나무의 꽃 색은 달라도 열매는 같구나. 성격과 취향은 달라도 같은 길 위에서, 같은 지점을 바라보며 가고 있는 것은 똑같다는 생각이 들었습니다.

분홍 꽃과 다홍 꽃이 한 뿌리에서 양분을 받고 토실한 열매도 같네요. 꽃밭인지 채소밭인지의 구별이 무슨 소용이겠습니까. 정성껏 키워 식탁 위에 올리면 그만이겠지요.

새 봄이 오면 명자나무는 어김없이 다홍색과 분홍색 꽃을 함께 피우겠지요. 그리고 가을이 오면 실한 열매들을 맺을 겁니다. 나는 남편이 꽃과 채소를 함께 심는 것을 받아들이기로 했습니다. 그 대신 내년 봄에는 수돗가에 아치를 세우고 넝쿨장미를 심고야 말겠습니다.

노르스름한 명자 열매를 따서 앞치마에 담았습니다. 나붓하게 썰어 건조기에 말렸다가 흰 눈이 수북이 쌓인 겨울에 차를 끓여볼 생각입니다.

제4부

예술 － 엿보다

일곱 계음으로 당신이 표현한 무궁의 그 감성을 모국어의 단어조차 다 활용할 줄 모르는 저는 글로 써 보려고 책상 앞에 앉을 적마다 한계를 느낍니다. 적절한 단어가 떠오르지 않습니다. 가슴은 벅차오르는데 문장이 떠오르지 않습니다. 차라리 쓰지 말고 당신의 음악을 듣는 편이 훨씬 더 충만하고 해방감을 느낍니다.

— 본문 중에서

베토벤씨 평안하신지요

당신이 떠나신지 121년 후에 제가 태어났습니다. 당신이 태어나고 활동한 1700년대부터 1800년대는 지금의 문명 시대와는 많이 다른 세상이었겠지요. 그러나 사람의 감성은 그 시대나 지금 시대나 별반 다르지 않나 봅니다. 현대에도 여러 장르에서 새로운 음악과 음악가가 배출되고 있지만 쉽게 익숙해 지지 않아 당신의 곡을 즐겨 듣는 편입니다.

저의 아버지는 음악 감상에 깊은 취미를 갖고 계신 분이셨습니다. 초등학교 운동회 날이면 방송담당을 맡은 아버지는 만국기 휘날리는 운동장에 '레하르'작곡의 '금과 은'을 우렁차게 들려주셨지요. 곡명이 '금과 은' 인줄은 중학교 가서야 알았지만 운동회를 추억 할 때마다 흰 운동복을 입은 아버지 모습과 함께 귓가에 그 소리가 들려옵니다.

아버지 덕분에 제 귀가 열리기 시작 할 때부터 당신의 곡을 들었습니다. 농짝만한 전축위에 레코드판을 올려놓아 음악이 흘러나오면 저는 까치발을 들고 판이 돌아가는 모습을 신기하게 바라보았던 어린 시절이 있었지요. 가사는 없지만 그 곡은 무언가를 느끼게 했었는데 그 곡이 '베토벤 바이올린 소나타 F장조 제2번'이었습니다. 어릴 때 듣던 그 곡은 경쾌하고 아름다운 느낌이었는데 아버지가 떠나신 지금은 그 곡을 들을 때마다 눈물샘이 열리는 곡이 되었습니다. 음식 맛도 그렇듯 음악에 대한 맛도 어렸을 때 익숙했던 맛이 잊히지 않나 봅니다.

베토벤씨. 당신의 '하일리겐슈타트의 유서'를 읽었습니다. 청력손실의 고통과 좌절, 세상과의 소통을 스스로 회피한 외로움, 죽음을 맞이하게 될 마음자세 등이 쓰여 있더군요. 그러나 그 유서에는 당신이 자살을 결심하거나, 죽을 만큼의 병적 위기는 아니었던 듯합니다.

저도 몇 년 전에 '나 멀리 떠날 때'라는 제목으로 유서를 쓴 적이 있습니다. 죽을 결심을 한 것도 아니고 죽을병도 안 걸렸는데 지난 세월을 회상하다보니 눈물이 줄줄 흐르더군요.

덧없이 흘러버린 시간이 아깝다는 생각이 들었고 두 주먹을 단단히 움켜쥐고 무엇이든 새롭게 시작해야겠다는 생각도 들었습니다. 당신의 '하일리겐슈타트의 유서' 작성 후에 아마 당신도 그런 생각 이셨나봅니다. 요양 차 간 하일리겐슈타트 이후에 더욱 열정적으로 작곡을 하신걸 보면요.

제가 오늘 당신께 드리고 싶은 이야기는 제가 쓴 유서 말미에 '딸아. 엄마의 눈이 감기고 혀가 굳어도 청력은 살아 있다 하니 내 마지막 가는 길에 베토벤의 '운명'을 들려다오.'라고 쓴 구절이 있습니다. 나도 모르는 사이에 제 온몸에는 당신의 음악이 배여 있었다는 걸 알리고 싶었습니다.

사람살이가 다 그렇듯 제가 걸어온 세월에 역경이 왜 없었겠습니까. 당신의 5번 '운명' 교향곡에서도 고난이 '짜짠짠 짜~안'하며 문을 두드리고 들어오지요. 당신의 귓병이 청천벽력같이 달려든 운명의 장난을 표현하고 싶으셨나요?

당신이 운명을 그려내는 방식은 격렬하고 가차 없고 주저하지 않았습니다. 운명과 마주하는 인간의 의지를 거대한 에너지로 완성하셨지요. 마지막 악장에서는 승리로 마무리 되는 곡에 큰 위로를 받기에 충분합니다. 〈운명〉은 승리의 찬가입니다.

당신의 건강 이상은 청력손실만이 아니었더군요. 늘 배앓

이로 고통스러워 하셨다는데 아마도 당신의 예리한 감성 때문이었겠지요. 저도 스트레스를 받으면 과민성 대장증후군으로 몇 달씩 설사병에 시달리기도 했는데 의술이 발달하지 못했던 그 시대에는 예민한 천재들에게 늘 있을법한 병이 아니었을까요?

저는 요즘 만성 고관절 통증에 시달리고 있습니다. 생활이 불편해지고 의욕이 시들어가는 느낌입니다. 당신은 그 힘든 시기에도 들리지 않는 음을 찾아내려고 입에 문 막대기를 피아노 건반위에 대고 그 떨림을 느끼려 했다는 일화는 당신의 열정과   의지가 얼마나 대단했는지를 보여주셨습니다.

베토벤씨. 당신은 '하일리겐슈타트의 유서'를 쓴 후에 교향곡 6번 '전원'을 발표하셨지요. 요양 차 왔던 '하일리겐슈타트'의 시골마을 광경을 섬세한 묘사와 풍부한 감정표현으로 써내셨습니다. 4악장으로 되어 있는 다른 교향곡들과는 달리 '전원'은 5악장으로 쓰셨네요. 표현하여 남기고자 한 서사가 무궁무진 했겠지요. 유서를 쓸 무렵에는 이미 청각을 상실한 때였는데 자연을 지극히 사랑한 당신은 그곳에서 새 힘을 받으셨습니다. 각 악장에 붙은 제목에서도 느끼겠지만

1악장은 전원에 도착 했을 때의 즐거운 기분.

2악장은 시냇가 풍경.

3악장은 시골 마을 사람들의 즐거운 모임.

4악장은 천둥소리와 폭풍.

5악장은 폭풍후의 감사 등을 작곡 할 때 당신이 얼마나 희망적이고 의욕이 넘쳤 는지를 알게 합니다.

당신이 특유의 폭풍 같은 피아노 연주로 포르테는 충분히 포르테답게, 피아노는 충분히 피아노답게 연주하며 전혀 새로운 감성을 표현하는 것을 보고 사람들은 "그는 분명히 악마와 손을 잡은 게 틀림없어"라고 했다지요. 당신은 악마와 손을 잡은 게 아니라 거룩한 그분과 손을 잡으셨나봅니다. 삶의 철학을 언어 없이 음악만으로 표현을 해서 세기를 넘은 인류에게 감동을 줄 수 있는 당신은 진정 〈운명〉을 뛰어 넘는 〈황제〉이고 〈영웅〉이셨습니다.

간혹 친구들은 '베토벤의 음악은 너무 강하고 무거워. 나는 멘델스존이 좋아', '모차르트가 좋아' 할 때도 나는 당신의 곡이 좋았습니다. 달빛아래서 차분하게 연주하는 '월광 소나타'에서는 '천의무봉'天衣無縫을 보게 하고, 동료 음악교사였던 윤경숙선생님이 자주 들려주던 '스프링 소나타'는 또 얼마나 섬세하고 아름다운지요.(참. 그 명랑하던 경숙 선생님은 지금은 어디서 어떻게 살고 있는지…)

당신은 작곡할 때 괴테나 실러의 작품세계를 많이 표현했다고 하셨습니다. 우리 귀에 익숙한 9번 〈합창〉교향곡은 이미 청력을 잃은 상태에서 쓴 작품이라고 하니 당신이 얼마나 긍정적이며 많은 사람들에게 영감을 불어넣으려는 사명감이 컸었는지를 알게 합니다.

〈합창〉은 실러가 쓴 결혼 축시에서 영감을 받아 성악과 기악을 결합시킨 새로운 형식으로 곡으로 쓰셨습니다. 실러의 '환희의 송가'는 당신이 잃어버렸다고 생각했던 감성이 여전히 용솟음치고 있었기 때문이라지요. 그 시가 그토록 생생했던 것은 시인의 생각뿐 아니라 당신의 삶 자체가 녹아 있었기 때문이었다고 했습니다.

(합창)

두 팔 벌려 끌어안으라. 수백만의 사람들아!

온 세상이 보내는 입맞춤을 받으라!

형제들아 저 별들의 장막위에

사랑의 아버지 살고 계시리니! (실러의 축시 중에서)

9번 교향곡 〈환희〉는 희망찬 새해를 기다리는 송년음악회에는 해마다 전 세계의 곳곳에서 빠지지 않게 연주하는 곡이지요. 희망의 극치이니까요.

지난해에는 베토벤 200주년 행사가 세계 곳곳에서 열렸다지요. 당신은 음악과 함께 지금도 살아계십니다.

나의 좌우명(베토벤): 오직 시골에 머물러라. 이 알록달록한 곳에서 내 마음 얼마나 가벼운 기분으로 채워지는가. 내게 불행을 주는 청력도 이곳에서는 나를 괴롭히지 못한다. 이곳에서는 모든 나무들이 내게 이렇게 말한다. 거룩하다. 거룩하다. 숲에서 오는 이 황홀함이란!

누가 그 모든 것을 표현해 낼 수 있을까?

숲을 가로 지르는 바람소리. 한 여름의 천둥소리. 가을밤의 풀벌레 소리가 당신의 악보에 들어있겠지요. 일곱 계음만으로 당신이 표현한 그 감성을 모국어의 단어조차 다 활용할 줄 모르는 저는 글로 써 보려고 책상 앞에 앉을 적마다 한계를 느낍니다. 적절한 단어가 떠오르지 않습니다. 가슴은 벅차오르는데 문장이 떠오르지 않습니다. 차라리 쓰지 말고 당신의 음악을 듣는 편이 훨씬 더 충만하고 해방감을 느낍니다.

저는 오늘도 적합한 언어를 줍기 위해 고군분투하고 있습니다. 당신의 악보에서 화음이 분출 되는 것과 같이 단어의 조합으로 심장을 건드리는 문장이 언제쯤 나올까요. 나의 영웅 베토 벤씨. 존경합니다.

늘 평안하십시오.

쉰발이가 들어있는 대야에 물을 받았다.
녀석도 어젯밤 내 꿈에서처럼
코끝을 물 밖으로 내밀었을까.
대야의 물을 변기에 붓고 물을 내렸다.
홀로 치열하게 도전했던 쉰발이에게 승전가를 바친다.
우레와 같은 박수 소리가 쏟아졌다.

― 본문 중에서

쉰발이의 3중주

새벽 창이 어스름하다. 지난밤에는 뒤로 누운 채로 강물에 가라앉는 꿈을 꾸었다. 하늘을 향한 코까지 물에 잠기기 직전 허우적대며 비명을 질렀다. 악몽이다. 잠이 덜 깬 채로 거실로 나와 늘 즐기던 텔레비전의 음악 프로그램을 찾았다. 마침 화면에는 젊은 연주자들의 '멘델스존 피아노 3중주'가 시작되고 있다. 빠르고 역동적인 선율이 느슨해진 나를 깨운다.

낭만주의 작곡가로 알려진 멘델스존은 삶이 힘겨웠던 베토벤과는 달리 유복한 집안에서 태어났다. 할아버지로부터 재산도 물려받고, 피아니스트였던 어머니의 재능도 물려받았으며 더욱이 우아한 용모에 그림에도 뛰어난 재주가 있었다하니 예술가들 중에는 보기드믄 행운아가 아니었을까. 서른여덟 살에 요절한 것 말고는 대단한 인간승리자라고 하겠다. 그래서인지 고상한 낭만주의자였던 그의 음악은 아기자기한 세공품처럼 깔끔하고 경쾌하다.

1악장의 시작부터 피아니스트의 손가락은 열정적으로 건반을 아래위로 훑는다. 피아노를 '친다.'라는 표현보다는 건반을 '훑는다.'라는 표현이 적합하겠다. 열개의 손가락이 빠르고 오밀조밀하게 움직이는 모습에 눈을 뗄 수가 없다. 한 분야만 깊게 파서 경지에 오른 연주자를 볼 때 관객은 그의 광기와 신비로움에 매료될 수 밖 에 없다.

피아니스트의 열정이 극에 달해 '트레몰로' 기법으로 건반을 사정없이 두드릴 때는 마치 격렬한 육체노동자의 움직임을 보는 것 같다. 그 격정적 연주가 내 안에 가라앉아있던 나태함에 흠씬 물을 붓는다. 중간쯤에서는 감정표현 가득한 현악기의 선율이 자연스럽고 편안하게 흘러 긴장을 늦추게 한다.

화장실 문을 열었다. 노란색 세숫대야에 검은 쉰발이 한 녀석이 털썩 앉아있다. 지난번에 보았던 녀석보다 훨씬 크다. 내가 어렸을 적에는 방 벽에 붙어 쏜살같이 기어 다니는 그 벌레를 심심찮게 보았었다. 어머니는 그 녀석을 우리 집에 돈을 가져다 줄 〈돈구루마〉이니 죽이지 말라고 했다. 항상 돈이 마른 우리 집에 행운을 가져다줄지 누가 알겠나.

가만히 대야속의 쉰발이를 들여다보았다. 발이 쉰 개라서 지은 이름이라지만 실은 다리가 열다섯 쌍이니 서른 발이가 아닐까. 녀석은 인기척에 놀라 탈출을 시도한다. 앞쪽의 다리들은 짧고 꼬리 쪽으로 갈수록 다리가 길고 튼실하다. 앞다리는 방향조절이 쉽게, 뒷다리는 빠른 속력을 위해 힘껏 밀 수 있게 몸체가 만들어졌나보다. 수 백 개의 마디로 되어있는 한 쌍의 더듬이로 제 앞길을 헤쳐 나가는 영리한 육식동물이다.

음악은 다시 빨라지며 피아니스트의 손가락은 건반 위에서 탭댄스를 하듯 통통 튀고 첼로와 바이올린의 활은 위로 아래로, 좌로 우로 분주히 현을 긁는다. 쉰발이의 더듬이도 현악기의 활처럼 움직인다.

쉰발이의 움직임도 나름 질서와 규칙을 가지고 있다. 마치 물결처럼 순서대로 움직이는 서른 개의 다리와 두개의 더듬이는 피아노 3중주에 들어가는 악기를 갖춘 것 같다. 서른 개의 다리로는 피아노 건반을, 두 개의 더듬이는 바이올린과 첼로를 연주하는 활과 같다.

한참을 내달리던 녀석이 능청스럽게 숨고르기를 하며 더듬이만 조심스레 움직인다. 매끄러운 플라스틱 대야에서 어떻게든 탈출 해야겠다고 마음을 다잡는 중인가. 멘델스존의 음악도 느릿하게 2악장으로 들어간다.

피아노의 선율이 골짜기의 물소리처럼 조잘대다가 현악기로 옮겨가며 서정적인 음색으로 부드럽게 흐른다. 마치 드넓은 강에 도달한 듯하다. 현악기는 강물 표면을 따라 가볍게 스치고, 피아노의 화음은 약간의 어두운 빛깔을 띠며 강물 속을 흐른다. 현악기의 활이 움직이는 것처럼 쉰발이도 서서히 더듬이를 좌우로 움직이며 다리는 잔물결을 일으키듯 조심스레 앞으로 나간다.

화장지 한쪽을 떼어서 쉰 발이의 뒷다리를 슬쩍 건드렸다. 쏜살같이 달아난다. 백 미터 달리기 선수처럼 최선을 다한다. 그래도 탈출은 어림없다.

3악장에 이르렀다. 멘델스존의 곡도 아주 급하고 쉰발이도 더욱 빠르게 달린다.

'스케르초 몰토 알레그로 콰지 프레스토' (아주 빠르고 급하게)

매우 생생한 활력을 느끼게 하는 악장에 맞추어 쉰발이도 억센 뒷다리에 힘이 들어갔다. 선율이 현악기 중심으로 옮겨가는 활의 동작처럼 쉰발이의 더듬이도 좌우로 부산하다. 어느 생명이든 사는 동안 절박함이 없었으랴. 힘겹고 아프고 탈출구조차 안 보일 때 삶에 대한 욕망 또한 가장 크지 않았던가. 쉰발이 생의 절박함이 3악장에서 소용돌이친다. 쉬지 않고 달려도 출구가 없다.

드디어 4악장이다. 태어나서 거칠 것 없이 자랐으나 어쩌다 고난에 빠진 쉰발이의 생애도 피날레에 이르렀나보다. 생명 있는 모든 것들의 마지막을 패배라고만 할 수는 없겠다. 쉰발 이도 스스로 최선을 다했다. 주저함 없이 치열하게 살아낸 모든 생명들의 마지막은 승전가로 격려해 주어야 마땅하지 않을까.

독수리가 큰 날개를 펼치며 높이 나르듯 맘껏 자유로운 4악장이다. 중간쯤에서 귀에 익은 멜로디가 나온다. 프랑스 '루이 부르주아'가 작곡한 찬송가 1장의 선율이기도 하고, 바흐의 칸타타에도 인용되었던 멜로디이다.

'만복의 근원 하느님,…' 적당히 느리며 왼손으로 깊게 만들어내는 피아노의 저음이 장중하다. 잠시 기도하듯 눈을 감고 있는 사이 오케스트라의 화음같이 강하게 '쾅 쾅 쾅 콰아~앙' 하며 끝을 맺는다.

쉰발이가 들어있는 대야에 물은 받았다. 녀석도 어젯밤 내 꿈처럼 코끝을 물 밖으로 내밀었을까. 대야의 물을 변기에 붓고 물을 내렸다. 홀로 치열하게 도전했던 쉰발이에게 승전가를 바친다.

우레와 같은 박수소리가 쏟아졌다.

내 몸에 주렁주렁 매달려 있는 욕심, 분노도 감추기 싫어.
당분간 아무도 나를 찾지 마, 니체의 말처럼
'나는 사나운 바람이 불어오는 곳으로 달아나서'
나의 고독과 광기를 즐기고 싶어.
그러다 들풀 사득한 언덕에 이르르면 비로소
내 속에 숨겨져 있던 불길을 잠재우고 돌아오겠어.

— 본문 중에서

나를 떠나는 나

임교수님은 『고독孤獨, 사람이 시작始作인 이유』를 강의하시
면서 F.니체의 〈짜라투스트라는 이렇게 말했다〉의 한 구절을
적어주셨어.

달아나라, 벗이여. 그대의 고독 속으로. 그대는 독파리
떼에게 마구 쏘이고 있다. 달아나라, 사나운 바람이 불어
오는 곳으로. (민음사.2024) P.87.

그 강의를 듣고 머리에 나무망치를 맞은 듯 번쩍 떠오르는
생각이 있었어.

긴 시간동안 나는 타성에 젖어 있었고, 외로워질까 두려워서 주변의 많은 일들에 눈치 보며, 비위맞추며 살아온 시간이 너무 많았어. 고독을 두려워했지. 불편함과 낯섦을 피하려 하다 보니 반짝이던 감성은 무뎌지고 자신에게 집중하지도 못했지.

그 옛날의 광기를 다시 찾고 싶어.

콜라 한 병과 소세지 한 개로 식사를 대신하며 그림에 몰두했던 시절. 린시드와 테레빈 냄새로 가득 찬 작업실에서 물감을 덧바르고 나이프로 긁어내기를 반복하던 내게 교수님은 '함 군은 창의력은 좋은데 끈기가 없어'하시며 다그치시던 때가 그리워. 수직으로 솟구치는 감성을 표현하기에 끈기 없는 나의 손기능이 따라주지를 않았지.

스스로에게 만족하지 못한 나의 광기는 그리던 캔버스를 찢어버리고 찬장 안에 있는 노란 위스키에 의지하기도 했지. 알아? 내가 한 때는 위스키 애호자였던 걸.

로댕의 사랑을 얻지 못해 평생을 정신병원에서 보내다 생을 마감한 조각가 '까미유 끌로델'이나, 오나시스와 이혼하고 좌절과 우울을 이겨내지 못한 세기의 소프라노 '마리아 칼라스', '루와 함께 통 속에서 살리라'했던 철학자 니체는 정신분석학자이며 작가로서 그 시대 상위1%였던 '루 살로메' 의 마음을 얻지 못해 고뇌에 빠지기도 했다. 모두가 예술적, 지적 감성이 충만했던 사람들이라면 예술인들은 그 불꽃같은 열정이 삶은 괴롭고 영혼은 충만했던 사람들 이었나봐.

무용가 〈안은미〉 알지? 그의 폭발적 춤동작에 감동을 받았어. 살랑살랑 엉덩이를 흔들다가 어깨를 들썩이거나 머리카락을 헝크러트리고 무아지경에 빠져보는 춤의 세계. 가장 원초적인 예술이면서 가장 자유로운 춤의 세계를 민머리, 맨발의 광녀인 그녀를 보는 것만으로도 내 가슴이 뻥 뚫려. 나도 거침없는 그런 표현을 해보고 싶어.

살찔까봐 음식도 맘껏 못 먹고, 코르셋으로 허리를 조이며 흰 머리를 검게 염색하며 우아하게 대화하려는 나에서 이제는 벗어나고 싶어. 버선 속처럼 뒤집어서 진짜 나를 드러내고 싶어. '이게 나야' 라고 소리치면서.

내 몸에 주렁주렁 매달려있는 욕심, 분노도 감추기 싫어. 당분간 아무도 나를 찾지 마. 니체의 말처럼 '나는 사나운 바람이 불어오는 곳으로 달아나서' 나의 고독과 광기를 즐기고 싶어.

그러다 지치면 들풀 가득한 언덕에 이르러 비로소 내 속에 숨겨져 있던 불길을 잠재우고 돌아오겠어. 다 풀어내지 못한 감성을 거울을 보며 자화상으로 담아내겠어.

서정주의 '머 언 먼 젊음의 뒤안길에서 이제는 돌아와 거울 앞에선 내 누님'같은 모습의 나를 그려 보겠어.

떠나고 싶어. 잠시 나를 떠났다가 파도에 둥글어진 해안가 몽돌이 되어 다시 돌아오겠어. 그때까지 나를 찾지 말아 줘.

삶에는 네가 안에 머물러 있어야 진정 살아있음을 느껴.
품이 넓은 사람이란 실패도 겪고, 상실도 겪으며
어두운 터널을 빠져나온 사람들 일거야.
그들은 너와 함께 극복해온 과정에
측은지심도 알게 되었고 배려의 소중함도 알아.
네가 그 사람들 속에 따듯함으로 깃들어 있었기 때문이지.

— 본문 중에서

너를 누구라 부르랴

해를 등지고 집으로 가는 중이야. 침체된 경기 때문인가. 한 일도 없이 마치 퇴근하기 위해 출근 한 것 같아. 어찌하든 하루가 끝나면 모든 사람, 모든 차들이 웅성거리며 다 자기 집으로 가는 행렬이 장관이야.

집.

하우스가 아닌 홈을 말하는 거야. 시집와보니 낯선 시댁도 내 집이 아닌 것 같고, '너는 이제 그 집 식구.' 라며 정 떼듯이 밀어내던 친정도 내 집이 아닌 것 같았지. '집'이라는 단어가 주는 가슴이 아릿한 감정을 콕 짚어 말할 수가 없어.

오래 전에, 열흘 동안의 연수를 마치고 시내버스를 타고 집으로 가는데 차창으로 스쳐가는 수많은 아름다운 집들이 부러웠었어.

시댁에서 분가하여 언덕위의 작은 집에 세 들어 살 때였지. 골목을 돌고 계단을 오르며 들어갔던 손바닥만 한 내 집이었지만 그때는 최고라고 느꼈지. 비로소 내 둥지에 올망졸망한 가족이 있었거든. 집에는 가족이 있어야만 집의 의미가 완성되나봐.

지금 내 차는 도시를 벗어나 숲속마을에 있는 집으로 가고, 반대편 차로에는 하루 일과를 마치고 아파트가 가득한 도시로 들어오는 차들이 줄을 이었어. 정체로 느릿하게 움직이는 차량행렬은 개미들의 행진 같았지.

그때 멀리서부터 점점 다가오는 도로 옆 프라타나스 마른 가지 끝에서 갑자기 슬픔덩이 같은 네가 확 달려들었어. 울컥했지. 해질녘의 귀가 길에서 느끼는 충만한 슬픔 같은걸 너는 이해하겠지?

내가 첫사랑에 빠져 있을 때는 너도 진종일 내안에 머물러 있었잖니. 프리츠 분더리히가 부르는 '아델라이데'를 들으면서 용기를 내어 사랑고백을 하게 한 것도 너였지. 나뭇잎들의 속삭임, 새들의 지저귐, 하늘의 천둥소리 까지도 나를 행복하게 한 것은 네가 함께 있어 촉촉하던 시절이었어.

동요 '섬집아기'를 들을 때, 나는 혼자서 스르르 잠드는 아기가 가엾다고 했고, 작은 딸은 다 못 찬 굴 바구니를 머리에 이고 모랫길을 달려오는 엄마가 불쌍하다며 훌쩍였지. '섬집아기'가 아름답고도 슬픈 동요인줄을 느끼게 해 준 것도 네가 내 안에 고여 있기 때문이었을 거야.

그러나 네가 내게서 사라진 적도 있었어. 깊은 수렁에 빠져 길을 잃었을 때, 마음의 고통을 겪고 배신감에 온 몸을 밤송이처럼 가시로 무장하고 있었을 때, 네가 내게서 떠났어. 내 맘은 마른 가랑잎처럼 버석 거렸고 모두가 적군 같아서 마음에 단단한 울타리를 쳤지. 그때는 슬픔과 분노가 물 밑의 전분처럼 굳어 있었어.

내 인생의 시계가 어디쯤에 와 있는지 알지 못한 채 시간에 삶을 맡겼어. 조급하지는 않았어. 사나운 파도일수록 빨리 지나가는 법이거든.

내 청춘은 순수의 시기이기도 했고 어리석음의 시기이기도 했나봐. 내 판단이 부모님의 판단보다 옳다고 생각해서 부모님 뜻을 거스르는 고집을 부린 결과도 그중 하나였을 거야. 지나고 보니 세상 살아가는 지혜는 교과서에만 있지 않고 긴 연륜에 깃들인다는 걸 알았어.

창조주는 공평해서 한쪽 문을 닫으면 반드시 다른 쪽으로 문을 내 주신다고 한 걸 믿어. 지금 밤하늘에 보이는 저 별빛이 내게 도달하기까지 수 억 년 걸린 시간을 생각하면서 속단하지 않고 서서히 변화되는 상황을 지켜보려고 노력했지.

까칠한 내 성정이 나긋해지니 그때서야 네가 슬며시 찾아와 주더구나. 나는 너를 맞으며 순해지고 귀해지려고 했어.

'까치내' 강둑에 바람이 몹시 불면 나는 볼이 따갑도록 '바람맞기'를 즐기고, 오동 벌판에 벼가 익어 황금물결을 이루면 온몸이 노랗게 물들도록 논둑을 걷기도 했어. 내가 창조주를 사랑한다고, 창조주는 나를 사랑하고 있다고 차마 말할 수 없는 순간에도 삶을 기꺼워했었어.

삶에는 네가 안에 머물러 있어야 진정 살아있음을 느껴. 품이 넓은 사람이란 실패도 겪고, 상실도 겪으며 어두운 터널을 빠져나온 사람들일거야. 그들은 너와 함께 극복해온 과정에서 측은지심도 알게 되었고, 배려의 소중함도 알아. 네가 그 사람들 속에 따듯함으로 깃들어 있기 때문이지.

크산티페 알지? 한 남자의 아내, 보듬어야 할 자식들의 어미인 나는 악처로 소문난 소크라테스의 아내 크산티페를 응원해. 집에는 가난이 거미줄을 치고 있는데 철학자라며 밖으로만 나다니는 남편을 어느 아내가 좋아하겠어. 내가 크산티페였어도 소크라테스에게 물동이를 쏟아 부었을 거야.

크산티페는 사랑받고 싶었던, 사랑스런 아내였음이 분명해. 소크라테스가 독배를 마시는 그 옆에서 크산티페가 애통하고 있는 그림만 보아도 알 수 있어. 나는 크산티페의 진짜 마음을 알 것 같아. 너를 품어 내 맘이 촉촉해진 때문이겠지.

내가 시샘으로 가득 차 있고, 감정이 극에서 극으로 오르내린다고 남편은 늘 것 잡을 수 없다지만, 그건 아마도 네가 내 안에서 출렁거리고 있기 때문 일거야.

너는 나를 흠뻑 물 먹은 꽃이게도 하고, 또 때로는 깊은 강 바닥에 엎드려 '외롭다.'며 훌쩍이게 하기도 해. 너를 누구라 부르랴.

있는 것도 아니고, 없는 것도 아니면서 해질녘 귀가 길을 충만한 슬픔으로 채워주는 너는 누구냐.

어김없이 흐르는 강물처럼,
계절의 변화에 온 몸을 맡긴 나무들처럼,
서서히 다가오는 마지막 문턱 넘기를 준비해야겠다.

― 본문 중에서

마지막 문턱

새벽에 전화벨이 울렸다. 그녀가, 제 남편이 숨을 안 쉰다고 허둥댄다. 이게 무슨 일인가. 퍼뜩 일어나 정신을 차리고, 얼른 119에 연락부터 하라고 했다.

그녀는 식당일로, 그녀의 남편은 직장에서 퇴근 후 '대리운전기사'까지 하면서 열심히 살던 부부였다. 험한 일만 아니기를 바라며 부랴부랴 그녀의 아파트에 도착해보니 마당에는 이미 병원차와 경찰차가 와 있었다.

그녀의 남편은 겉으로 보기에 썩 건강해 보이지는 않았다. 이런저런 약도 먹고 있었지만, 어제 저녁만 하더라도 거실에서 부부가 함께 맥주도 마시며 하루를 마무리한 후 남편은 서재로 들어갔다고 한다.

아파트 통로가 어수선하다. 의사도 와있고, 경찰관은 서재 주변을 살피며 평소에 먹던 약봉지 등을 사진 찍었다. 의사는 이미 늦었다고 했다. 놀란 가족들은 두 손을 가슴 앞에 마주 잡고 울지도 못한 채 들것에 실려 나가는 가장의 뒤를 따라 병원으로 갔다.

우리는 어디로부터 와서, 어디로 가는 걸까.

우리들의 어머니, 또 그 어머니의 어머니, 어머니를 거슬러 올라가며 근원을 알아내기에는 우주의 광막함과 영겁이 너무 크다. 우리는 수십억 광년에 이르는 곳에서부터 와서, 수만 억 개의 별 중 하나인 지구에 어떻게 태어나게 되었을까.

나도, 내가 어떻게 이 땅에 오게 되었는지 알지 못한다. 어두운 어머니 자궁의 양수 속을 유영하면서 조금씩 자라나 달을 채우고, 우주의 한 부분을 열고 나오던 고통도 모른다. 내가 세상에 처음 나와 울음으로 숨을 토해냈다는 것도 모른다. 할아버지와 아버지와 고모가 환하게 웃으며 나를 반가워했다는 것도 전해 들었을 뿐이다. 나는 울었고, 사람들은 나를 반기며 웃을 때, 첫 번째 문턱을 넘어온 것이다.

내 오른손 약지의 손톱은 한쪽이 일그러졌다. 돗자리 위에서 엉금엉금 기어 다닐 때 돗자리 가시가 들어 생인손을 앓아

생긴 흔적이라고 어머니가 알려주셨다. 그때도 나는 손톱이 곪아 빠지던 아픔에 대한 기억은 전혀 없다. 생명체가 되어 몸은 얻었으나 두뇌는 발달하지 않았을 때이다. 먹고, 자고, 배설하는 일이 거듭되면서 서서히 어머니의 눈빛을 알아보고 옹알이를 하며 한 개씩 문턱을 넘는 생애가 시작된 것이다.

어머니는 먼 우주에서 왔을 법한 한 점의 별을 건져 올려 이 땅에 나를 떨구고, 수백 개의 문턱 넘기를 가르쳐주었다. 가난의 문턱, 두려움의 문턱, 억울함의 문턱, 외로움의 문턱도 다 넘어보았다.

맏딸인 내가 어른이 되어 아기를 가졌을 때였다. 부엌에서 나는 밥 끓는 냄새, 김치 냄새, 무엇보다 괴로운 펌푸가의 물 때 냄새로 수도 없이 헛구역질을 해대며 어머니께 물었다. 아기도 고구마처럼 땅에서 캐거나, 사과처럼 나무에서 딸 수 없느냐고. 배가 이렇게 큰데 왜 꼭 아홉 달을 채워야 하느냐고. 그럴 때면 어머니는 '모든 어머니들이 다 겪는 일이란다.'라고 하셨다.

아기를 잉태하고, 낳고, 기르며 비로소 나도 그렇게 태어났고 자라서, 어머니라는 이름으로 생명을 뿌려 놓았다는 걸 알게 되었다. 인류의 고리는 그렇게 이어져왔다.

소우주라 불리는 인체는 과학적이다. 규칙적인 달거리와,

태아를 잉태하고 탄생시키는 일도 그렇다. 소우주인 우리가 별처럼 탄생하고, 별의 죽음처럼 죽는 것도 질서정연한 섭리이다. 푸른색별은 젊은 별이고, 노란색별은 중년기의 별이며, 붉은 별은 장년기의 별이라고 한다. 작고 하얀 별이나 검은 별은 아예 죽음의 문턱에 이른 별이란다. 우주의 별도 죽는다.

나는 죽음이 두렵다. 어디로 가는지 몰라서 두렵고, 고통스러울 것 같아서 두렵고, 무엇보다도 모든 것과 단절해야한다는 것이 두렵다. 그렇지만 생명은 유한하다. 식물도 신록으로 태어나 한 생을 살고, 낙엽이 되어 대지에 스며든다. 생을 마치는 마지막 문턱 넘기를 두려워 말자. 우리는 이미 크고 작은 문턱을 수 없이 넘어보지 않았는가.

내가 어둠에서 나왔을 때는 울었지만, 세상이 나를 웃음으로 반겼다. 우리가 울면서 마지막 문턱을 넘어가는 이를 보내지만, 아마도 그 너머에서는 수많은 영혼이 환한 웃음으로 그를 맞이할 것이다. 그녀의 남편도 마지막 문턱 너머로 먼저가신 어머니를 만나고 있을 것이다.

장례식장으로 갔다. 그곳은 숙연했고 그녀는 넋이 나간 채 흐르는 시간을 조금이라도 붙잡으려는 듯 시계 앞에서 서성거렸다. 운구차가 문 앞에 도착했다. 큰딸은 제 아버지의 영정사진을 들고, 작은딸이 혼백을 가슴에 안고 차에 오른다. 슬퍼하는 산자들을 뒤로하고 죽은 자는 서서히 병원을 빠져나갔다.

요셉 묘지공원 입구에는 〈호디에 미히, 크라스 티비〉라고 적혀있다. '오늘은 나, 내일은 너'라는 뜻이다. 오늘은 내가 관에 넣어져 들어왔지만, 내일은 네가 될 것이니 타인의 죽음을 보며 자신의 죽음을 생각하라는 뜻이다.

삼우제를 지내고 온 그녀의 텅 빈 아파트에는 무너져 내린 하늘이 채우고 있을 것이다. 무슨 말이 그녀에게 위로가 될까.

어김없이 흐르는 강물처럼, 계절의 변화에 온 몸을 맡긴 나무들처럼, 서서히 다가오는 마지막 문턱 넘기를 준비해야겠다.

예술가는 늙으면 대자연의 품에 안겨 자연의 창조주와
끊임없는 대화를 해야 한다고 늘 생각해 왔습니다.
늙어가면서 하늘과 대화를 나누며 어린이의 세계로
귀의해야 한다고 믿습니다.

— 본문 중에서

바보산수

요즘은 '바보'라는 단어가 유독 편안하게 느껴진다. 사전적으로는 지능이 부족하여 정상적으로 판단하지 못하는 사람이라지만, 영악스런 사람을 만나게 되면 슬쩍 피하고 싶은 생각도 있다. 김수환 추기경님도 별명이 '바보'였고, 남편에게도 친구들이 '똑똑한 바보'라고 별명을 붙여주었었다.

오래전에 성모병원 로비에서 '운보' 김기창 화백을 뵌 적이 있다. 휠체어에 앉은 운보는 큰 체구에 얼굴색은 좋아 보였고 별명대로 '레드 삭스'를 신고 계셨다. 언제나 빨간 양말만을 고집하며 어린아이처럼 웃으신다고 간호사가 귀띔해줬었다.

'운보의 집'을 방문했다. 입구에는 도자기로 구워 높이 세운

푸른색 솟대가 벌써부터 가슴을 설레게 한다. 서양화를 공부하던 나는 유럽 여행 중에 '고흐', '모네'의 흔적을 찾아다녔지만, 동양화가인 '운보의 집'을 가까이하지는 못했었다.

'운보의 집'은 그가 아내인 '우향' 박래현과 사별 후, 어머니의 고향인 이곳에 전통 양식의 한옥을 짓고 작품 활동을 하며 노후를 보낸 곳이다.

입구 왼쪽에 '운보의 말씀'이 새겨진 큰 바위가 놓여 있다.

나는 귀가 들리지 않는 것을 불행으로 생각하지 않았습니다. 듣지 못한다는 느낌도 까마득히 잊을 정도로 지금까지 담담하게 살아왔습니다. 더구나 요즘같이 소음공해가 심한 환경에서는 늙어갈수록 조용한 속에서 내 예술이 정진할 수 있었다는 것은 오히려 다행이었다는 생각도 듭니다.

다만 이미 고인이 된 아내의 목소리를 한 번도 들어보지 못한 것이 유감스럽고, 또 내 아이들과 친구들의 다정한 대화 예술가는 늙으면 대자연의 품에 안겨 자연의 창조주와 끊임없는 대화를 해야 한다고 늘 생각해 왔습니다. 늙어가면서 하늘과 대화를 나누며 어린이의 세계로 귀의해야 한다고 믿습니다. 날더러 마지막 소원을 말하라면 도인이 되어 선禪의 삼매경에서 그림을 그리는 것입니다.

바위 앞에 서서 대예술가의 진솔한 고백을 들으니 저절로 머리가 숙여진다.

어린이의 세계로 귀의하고 싶다던 운보는 그래서 빨간 양말만을 고집했을까. 빨간 양말을 드러내 놓고 휠체어에 앉은 채 아이처럼 웃던 모습을 떠올려본다.

미술관으로 들어서니 자세한 운보의 연보가 벽면을 채우고 있다.

운보는 1913년에 서울에서 출생했다. 7세에 장티푸스로 인한 고열로 청각을 잃고 언어까지 불능하게 되었다. 소리를 잃고 적막의 세계로 유기되어 스스로를 버려진 아이로 생각한 적도 있었으나, 신앙심 깊은 어머니의 사랑으로 인내하며 견디었다고 했다. 거듭되는 절망과 좌절에서 운보를 일으켜 준 사람은 외할머니, 어머니, 그리고 아내 우향과, 화가 이당 김은호 선생이었다.

김은호 선생의 제자가 되어 그림에만 전념해온 운보는 조선미술전람회에서 입선을 시작으로 활발한 작품 활동을 하였다. 그 후 한국화 겸 판화가였던 우향 박래현과 결혼한 운보의 화풍은 다양하게 발전하며 변모해 갔다.

초기에는 정확한 인물 묘사의 그림을, 해방 후에는 활달한 필법의 꽃과 새를 그렸고, 1950년대 후반부터는 반추상, 또는 입체 풍속화를 그려 나갔다. 차츰 완전 추상화 시기, 강력한 선의 수묵화 시기, 1975년 이후부터는 민화풍의 바보산수화 시기에 까지 이르렀다.

잘 정리된 미술관 안에는 군데군데 운보의 마음을 적은 글이 액자로 걸려 있었다.

나는 오랫동안 근원을 찾아 헤매다가 한국적이면서도 순수한 인간의 감정을 잘 표현해 놓은 것이 민화임을 알게 됐다. 아주 훌륭한 예술인 우리의 민화에는 서민들의 소박한 삶과 해학이 꾸밈없이 담겨 있으며 바보산수는 그런 민화의 정신을 내 나름의 작품세계에 담아보려 했다.

동양화를 대표하던 운보는 늘 새로운 기법을 찾아 작품 활동을 했으며 민화와 토속신앙에서 영감을 얻은 '바보산수'라는 독특한 화풍을 만들어 내었다.

운보는 여러 장르의 화풍으로 그림에의 열정을 분수처럼 뿜어내는 화단의 거인이기도 했다. 대걸레에 먹물을 묻혀 선 채로 작업에 몰두하는 모습이나, 머리와 몸통을 온통 붉은색으로 툭툭 던지듯 표현한 '해를 삼킨 새'를 보면 끝을 가늠할 수 없는 그의 창작 열정을 느낄 수 있다.

그중에서도 나는 선이 단순하고 색채가 화려한 운보의 '바보산수'에 감동했다. 민화를 자신의 방법으로 변형한 작화를 운보 자신은 '바보산수'라는 유머러스한 개념으로 명하고 있다.

뿔 달린 귀여운 여섯 도깨비는 왕방울 알눈을 치켜뜬 채 형형색색으로 표현되었다. 그림에는 화가 난 우향이라는 제목을 붙였다. 그림을 보니 웃음이 절로 났다. 아마도 부부싸움 끝에 마음이 틀어진 아내와 화해하기 위해 그렇게 익살스런 그림을 그려 아내에게 주지 않았을까. '우향'도 그 그림을 보고 웃음이 나올 수밖에 없었을 게다.

'바보산수'는 운보의 미술세계에서, 한국인이 공감할 수 있는 감성으로 표현해 낸 독특한 화풍이다. 그 특징은 짙은 먹을 사용한 힘 있는 필치와 단순화된 선, 강렬한 원색 등이 민화에 현대적 의미를 담아 개성 있는 표현을 한 것이다. 동양화가가 그렸다는, 어딘지 덜 된 모습 같은 그림을 운보는 스스로 '바보'라고 표현한 듯하다.

〈해를 삼킨 새〉의 강렬한 붉은색에서는 미처 다 퍼 올리지 못한 그의 열정이, 〈투망〉의 청록빛 거대한 산야와 그물 던지는 서민의 모습은 고향을 그리워하는 사람들의 향수를 불러일으킨다. 바보가 아닌 그가 '바보산수'라는 화풍으로 맘놓고 화면을 채워나가며 행복해 했을 모습이 떠오른다.

어눌한 바보산수와 달리 정확한 인물묘사 기법으로 그려낸 세종대왕의 영정도 보는 이에게 자부심을 갖게 한다. 1만 원 권의 지폐를 꺼내 자세히 본다. 지폐에 그려진 세종대왕의 영정이 운보의 작품인 줄을 모르는 사람들도 많으리라.

'예수의 생애관' 입구 벽면에는 역시 빨강색 스웨터를 입고 그림을 그리는 운보의 사진이 걸려있다. 운보는 예수의 일대기가 동족상잔의 우리 비극과 유사하다고 생각했다. 이 땅에 평화가 오기를 기원하며 예수의 생애 서른 점을 남겼다.

그림 속 예수는 갓을 쓰고, 군중들은 한복을 입고 있다. 늘 서양 사람이 등장하는 예수의 일대기를 보아왔던 우리 눈에는 생소해 보였지만, 우리 민족의 바탕에 굳건히 자리 잡은 기독교 정신을 생각할 때 자주 익혀 두어야 할 장면들이라고 생각이 되었다.

그 수많은 성화 중 〈성당과 수녀와 비둘기〉라는 작품은 바티칸 교황청에서 소장하고 있다고 한다. 아마도 그 그림은 수녀가 된 셋째 딸을 생각하며 기도하는 마음으로 그리지 않았을까.

그는 듣지 못한다. 그러나 그가 기억하는 마지막 소리는, 돈화문을 지키던 수비병들이 새벽 교대 때마다 불던 나팔 소리, 단성사에서 저녁마다 손님을 부르기 위한 날라리 소리와 북 소리가 귀를 먹기 전 들었던 마지막 소리였다고 한다. 그는 침묵의 심연에서 오로지 붓으로 말하고, 감각에 의한 소리에 친숙해지려 했고, 기억에 남아있는 소리를 잊지 않으려고 했다. 우리가 무심코 흘려보냈던 만물이 운행하는 소리, 사람들의 목소리가 얼마나 소중한가. '듣는다, 들려온다' 라는 상황을 그는 알지 못하면서도 가족들의 목소리, 친지의 목소리, 신부님의 강론하시는 목소리를 마음으로만 들으며 감사하다고 했다.

수석 공원을 한 바퀴 돌아 본 후 운보와 우향이 묻힌 무덤을 보기 위해 나무 계단을 올랐다. 무덤은 어머니의 고향이었던 산과 들이 한눈에 내려다보이는 곳에 자리 잡고 있었다. 87세 까지 사는 동안 정적 속에서 그림으로 소통하며, 우리에게 예술작품에 대한 감동과 삶에 희망을 준 '운보' 김기창 화백의 삶을 되짚어 보는 하루였다.

며칠 후면 추석이다. 고향의 땅에서 아름다운 그 영혼들이 해후하기를 바라며 나무계단을 내려왔다. 불어오는 바람소리와 스치는 밤나무에서 알밤이 툭 툭 떨어지는 소리가 들린다.

다 내려놓고 바보처럼 살고 싶은 날이다.

가끔 울고 싶을 때가 있다.

눈물을 흘려가며 울어본 지가 언제였던가.

거리를 지나다 보면 '노래방'은 많이 눈에 띄는데

소리내어 울어도 좋을 '울음방'은 없다.

체면 때문에, 자존심 때문에

쏟아내지 못한 울음덩이가 가슴속에 웅크리고 있다.

— 본문 중에서

울게 하소서

가끔 울고 싶을 때가 있다. 눈물을 흘려가며 울어본 지가 언제였던가. 거리를 지나다 보면 '노래방'은 많이 눈에 띄는데 소리내어 울어도 좋을 '울음방'은 없다. 체면 때문에, 자존심 때문에 쏟아내지 못한 울음덩이가 가슴속에 웅크리고 있다. 울음치료가 웃음치료와 함께 감정의 독소를 밀어내고 마음을 치유시켜 준다면 실컷 울어도 좋겠다.

메조소프라노 '조이스 디도나토'의 공연 안내를 받고 서울의 '예술의 전당'으로 왔다. 저녁에 한 차례만 공연하는 디도나토의 첫 내한공연 프로그램은 '전쟁과 평화'를 주제로 짜여 있었다. 전쟁과도 같은 마음속 분노와 슬픔을 평화로 이끌어가는 오페라 아리아의 공연이다.

콘서트홀은 어둑했고 무대 한가운데에 등을 보이며 옆으로 누워있는 무용수가 희미하게 보였다. 자못 장중한 분위기이다. 관객들이 조용히 자리를 찾아 들어오는 그 시간에도 정지된 동작의 남자 무용수는 이미 객석을 긴장시킨다. 프로그램을 살펴보며 그동안 공연장, 전시장을 찾은 지도 참 오래되었다는 생각이 든다.

전시장을 찾아 작품 감상하기를 즐겨했던 지난날에는 화가를 꿈꾸었다. 종일 캔버스 앞에 앉아 그림을 그리기도 하고, 나이프로 유화물감을 이겨 바를 때는 가난 같은 건 생각지도 못했었는데 지금은 화구박스와 붓도 버린 지 오래되었다.

육아와 직장생활이라는 두 지게를 지고 가야 하는 고달픔은 이미 터져버린 분화구에서 가량없이 올라오는 연기처럼 일상 속에 스며서 욕망까지 덮어버렸다. 더 커지지도 않고, 아주 없어지지도 않는 무지근한 삶의 통증은 자존심이라는 이름으로 굳어진 채 따라다닌다. 이루고 싶은 일도 많았는데 속절없이 세월만 보냈으니 울고 싶을 때가 왜 없으랴. 그토록 지겹던 유화물감의 기름 냄새가 이젠 추억이 되어 그립다.

공연이 시작되었다. 오늘의 공연 첫 무대는 화려할 이유가 없는 듯하다. 폐허처럼 어둡고 거친 무대 바닥에 낮게 연막이 흐르고 있다. 소수의 앙상블 연주자들과 함께 무대에 오른 디도나토는 짧은 머리에 맨발이었고, 그가 입은 잿빛 드레스는 프로그램 노트의 제목을 암시하는 듯하다. 움직일 때 나는 구두 소리도 관객에게 방해가 될까 하여 맨발로 무대에 오른 모습이 특별하다.

1부에서는 절망과 공포와 재앙을 노래했다. 오페라〈예프타〉중 '공포의 장면, 재앙의 장면'을, 헨델의〈아그리피나〉중에서는 '나를 비통하게 하는 생각들'을 불렀다. 심장이 무너진 듯, 정신이 고갈된 듯한 모습으로 '나를 버리지 말아 달라'고 호소하는 그의 표현은 참 비통하다. 그 목소리는 마치 동굴 속에서 호흡하듯이 절제하며 시작했지만, 차츰 그 공명은 연주 홀 전체를 감싸고 불안과 아픔을 쏟아낸다.

퍼셀의 오페라에서는, 배신당한 여왕이 스스로 '화장단'을 쌓고 부르는 비가에 관객들은 숨소리조차 삼켜야 했다. 인간의 심연에 자리 잡은 슬픔과 고통의 형체를 낱낱이 드러내는 순간이었다. "24k 순금과 견주었을 때 부족한 것이 없는 목소리"라는 열렬한 찬사를 받기에 마땅하다.

슬픔이 절정에 이르렀다. 바닥에 털썩 주저앉아 반쯤 엎드린 채로 헨델의〈울게 하소서〉를 비브라토 없이 노래한다. 그 노래는 오선지 위의 음표에서가 아니라, 심장에서부터 뿜어져 나오는 절제된 절규였다.

그녀의 슬픔을 그냥 내버려 둘 수는 없다. 함께 목울대를 치받는 내 슬픔도 그냥 내버려 두지 마라.

절대적 위로가 필요한 그에게 건장한 남자 무용수는 서서히 손을 내밀어 주저앉아 있는 그를 일으킨다. 그 순간, 노래하는 그와 듣는 우리조차도 이제 겨우 보이지 않는 신의 손을 잡은 것처럼 위안을 느꼈다. 관객들은 '내 눈물에 세상도 함께 울어 주리라.'는 안도감으로 맘껏 눈물의 카타르시스를 느끼는 시간이었다.

지난봄에 반려였던 리트리버 '리노'를 산에 묻고 온 날, 과묵하던 남편이 손수건에 얼굴을 묻고 펑펑 우는 걸 보고 덩달아 울컥했던 기억이 난다. 남편은 그 눈물로 '리노'와의 인연을 정리하는 듯했지만, 그때도 나는 울지 못했다. 심장사상충약을 제때 먹이지 못한 내 잘못이 컸기 때문이다. 두렵고 죄스럽고, 허망했다.

아버지가 돌아가셨을 때도 눈물이 나지 않았다. 힘이 되어드리지 못한 맏자식으로서 죄책감과, 더이상의 기회를 잃은 허망함이, 내게는 울 자격도조차도 없다고 느꼈었다.

눈물샘이 열린 건 그 후 반년쯤 지나서였다. 눈 내리는 새벽에 라디오에서 흘러나오는 〈베토벤 바이올린 소나타 F장조 제 2번〉을 들을 때였는데, 둑이 터진 듯 눈물을 쏟았다. 그 곡은 아버지를 기억하게 했다.

내가 고등학생이었을 때, 라디오의 음악 소리에 새벽잠에서 깨고 보니, 옹기종기 포개어 자고 있는 자식들을 내려다보며 아버지는 앉아서 담배를 피우고 계셨다. 박봉에 살아갈 길이 막막하셨나 보다. 그때도 눈 내리던 새벽이었는데, 바로 그 바이올린곡이 흘러나오고 있었다. 나는 잠에서 깼지만, 아버지는 그 힘든 모습을 자식들한테 보이고 싶지 않을 거라고 생각되어서 숨죽여 자는 체했었다. 때로 음악은 기도보다 더 큰 힘으로 우리를 정화시킨다.

2부에서는 평화를 노래했다. 드디어 무대가 밝아졌다. 피콜로로 만들어내는 맑은 새소리가 자연을 깨우는 듯 우리의 촉각을 건드린다. 바람과, 햇빛과, 푸른 잎과, 꽃이 있는 자연 속으로 관객을 이끈다.

밝은 은빛드레스로 바꿔 입은 디바는, 사랑이 우리에게 주는 평안함을 노래했고 악기 연주자들이 아카펠라로 부른 〈마음에 평화를 주소서〉는 차분히 순환하는 멜로디가 마치 앙금을 가라앉히려는 듯 낮게 깔렸다.

노래 하나로 그녀는 우리에게 헤어 나올 수 없을 것 같은 고통도 체험시켰고, 사랑만이 마음에 평안을 줄 수 있다는 치료

약도 주었다. 언제나 변함없이 우리를 감동시키는 예술의 미학이 알약 없이도 아픔을 치유시켜 준다는 것이 경이롭다.

우리는 모두 가슴속에 우는 아이를 품고 산다. 파란만장하다느니, 기구하다느니 하는 운명이 아니라도 마음속 우는 아이는 자란다. 피할 수 없는 일상의 잡음과 가난에서, 질병에서, 외로움에서, 노화되어감에서 우리는 모두 아프고 슬프다. 그럴 때면 누구라도 알아주기를 바라고, 누구에게든 위로 받고 싶다.

고통과 위로와 평안의 통로를 차례로 체험케 한 '디도나토'의 공연은 삶을 넓게 바라볼 수 있는 힘을 갖게 해주었다. 슬픔과 고통은 감추어 두지 말고 드러내며 쏟아내어야 낙관으로 갈 수 있으려나.

그녀는 공연이 끝나고 무대 위에서 조용하게 관객에게 말한다. "힘들 때일수록 당당하게 견디며 낙관주의자가 되세요."

단 한 번씩의 공연만으로 세계 곳곳을 방문하며 치유와 희망을 안겨 주고 떠나는 그는 진정 위대한 예술가였다.

늦은 밤, 집으로 돌아가는 고속도로는 한적했다. 여운이 사라지기 전에 돌아가면 구석진 작은방을 내 '울음방'으로 정하고 그곳에서 다시 한 번 그녀의 〈울게 하소서〉를 들어야겠다.

바닥에 고여 있는 마지막 눈물까지도 이제는 조용히 흘려보내고 싶다.

평론

함무성의《녹색 거미》, 숲에 대한 생태 미학적 사색

박양근

(문학평론가, 부경대 영문과 명예교수)

함무성의 《녹색 거미》, 숲에 대한 생태 미학적 사색

박양근
(문학평론가, 부경대 영문과 명예교수)

열면서

글쓰기는 영혼의 여행이다. 글쓰기는 자신을 떠나 언어라는 길 위에서 세계와 자아를 새롭게 조우하는 여정이다. 그 여행은 나와 외부 세계의 접촉을 확장하는 과정이며, 떠나지 않았다면 결코 알 수 없었던 것을 발견하고, 익숙한 풍경조차 새롭게 바라보게 한다. 생활공간의 변화가 인식의 지평을 확장할 때, 작가에게 여행은 새로운 노마드적 체험이 된다. 그런 의미에서 작가는 영적 여행자이자 자연 세계를 탐닉하는 순례자다. 인간을 작가로 환생시키는 신비로운 공간이 바로 자연이라는 의미다.

그 자연은 천지창조 이래 다양한 생명체가 공존하는 장場으로, 인간에게 평화와 안정, 그리고 치유를 선사해 왔다. 시인이 꽃을 노래하지 않은 시대가 없었고, 산문가가 자연의 숭엄함을 기록하지 않은 세대가 없었다. 이러한 자연관은 도연명의 〈귀거래사〉가 보여주는 귀의(歸依)의 정신을 상기시키며, 미국 인문지리학자 이푸 투안이 말한 '자연애(natural love)'라는 문학적 유전자를 떠올리게 한다.

함무성은 삶과 자연, 그리고 인문학을 동시에 의식하는 작가다. 그녀는 자연을 단순히 찬미하는 데 그치지 않고, 숲속 마을의 일상을 생태학적 서사로 엮어내는 '에코카디안(Eco-Cadian)'으로서 생태학(Ecology)과 아르카디아(Arcadia)의 결합을 꿈꾼다. 나아가 숲의 현실을 이상향으로 전환시키는 문학적 상상력을 펼친다. 실제로 그녀는 프롤로그에서 밝히듯 15년간 '먹뱅이 숲속 마을'에 거주하며 자연 수필가로서의 정체성을 확립했다. "자연이, 숲이, 어린 생명체들이 전해 준 행복"을 도시 독자들과 나누기 위해 생태적 삶을 서사화하는 의욕으로 제2수필집 《녹색 거미》를 세상에 내놓았다.

그녀의 자연은 모든 생명이 평등하게 공존하는 제2의 요람이자, 상처받은 인간에게 쉼을 주는 푸른 대피소다. 도시를 떠나 숲으로 돌아온 함무성은 숲을 읽고, 생명체를 해석하며, 새로운 삶의 방정식을 모색한다. 그렇게 탄생한 수필들은 숲의 신성함과 아름다움을 다각도로 비추며, 인간 존재의 본질을 새롭게 구성한다.

따라서 《녹색 거미》는 도시 문명과 인간 사회의 갈등을 직접적으로 다루지 않는다. 남편을 제외하면 다른 가족이나 친지가 거의 등장하지 않는다. 대신 현대 사회가 잃어버린 자연애와 동식물에 대한 배려를 환기하며, 생태주의 시대를 앞당기려 한다. 전원에 저장된 인류의 기억과 꿈을 되살린다는 점에서 《녹색 거미》는 함무성이 이룩한 문학적 변신의 결실이라 할 수 있다.

1. 녹색 거미의 탄생

숲속 마을에 들어온 지 15년째, 함무성에게는 자연이 펼쳐지는 지형과 낮과 밤의 누적된 기억, 그리고 글을 써야 한다는 활화산 같은 욕망이 공존한다. 심미적으로 말하자면, 그녀의 글쓰기는 의식과 무의식의 빛과 그림자를 동시에 받아 적는 심미적 행위이며, 그 속에서는 괴로움과 행복이 교차한다.

이는 정원 한 모퉁이에 집을 짓고 살아가는 거미의 운명과 다르지 않다. 어쩌면 《녹색 거미》라는 표제는 '글 집'을 짓는 자아를 거미와 동일시하려는 내적 발문跋文의 의미를 품고 있는지도 모른다.

그녀의 글쓰기는 거미의 집짓기와 여성의 바느질이 맞닿는 지점에서 출발한다. 여성에게 바느질과 집 가꾸기는 단순한 생계의 일이 아니라, 존재의 질서를 새로 짜는 본능적이고 아름다운 창조 행위다. 이를 실현하기 위해 그녀는 '장소애場所愛'가 보장된 숲을 선택하고, 그 안에서 '에코카디아'라는 생태적 이상향을 세운다. 에코카디아는 신화와 인문철학이 결합된 정신적 거주지로, 고대 아르카디아의 목가적 평화와 르네상스적 인문정신을 동시에 품은 공간이다. 토머스 모어의 유토피아가 제도적 사회 설계라면, 아르카디아는 문학적 공동체이자 예술가의 내면에서 구현되는 이상향이다. 《녹색 거미》가 자연과 만물이 공존하는 세계를 예술적 산문으로 구현한 이유가 여기에 있다.

'녹색 거미'는 도시의 그늘 속에 숨어 사는 흉측한 절지동물이 아니다. 나무 사이에 자유롭게 집을 짓고 숲의 일원으로 살아가는 존재로서, 전원에서 글 집을 짓는 '녹색 문인'을 상징한다. 함무성의 수필이 지닌 신화성과 현대성은 바로 이 상징적 행위를 통해 인간의 삶을 확장시킨다. 그리스 신화에서는 베짜기의 천재 아라크네가 여신 아테나와 맞섰고, 아메리카 인디언들은 거미 할머니가 인간에게 겨울을 이기는 바느질을 가르쳤다고 전한다. 또 이집트인은 운명의 실을 짜는 거미를, 인도는 만물의 상호의존성을 상징하는 존재로 여겼다. 공통점은 거미가 전통적으로 여성의 바느질과 창조성을 상징하며, 현대에 이르러서는 여성의 글쓰기로 전환된다는 것이다. 그 실은 물론 예술과 삶, 인간과 자연을 잇는 생명의 끈임을 뜻한다.

> 아침에 나왔던 현관으로 다시 들어간다. 내 집 안에서 나는 또다시 글 집을 짓는다. 어제의 격렬했던 사유를 허물고, 오늘은 옹달샘에 고인 물을 조금씩 퍼내듯 숨죽이며 글 끈을 잇는다. 나는 홀로여도 당당한 그 거미를 사랑하게 되었다. 거미가 망가진 제 집을 보수하듯 느슨해진 내 인식의 줄도 팽팽히 당겨본다.
>
> — 〈녹색 거미〉에서

이 대목에서 함무성은 글쓰기를 외로움의 행위가 아니라 자립적 창조의 의식으로 승화한다. 가을 새벽, 정교한 거미줄을 마주할 때 작가는 밤새 이어진 그 문양에서 신성한 창조의 영감을 발견한다. 거미가 먹이를 잡고 동시에 집을 짓듯, 작가 역시 생존과 창조를 함께 짓는 존재임을 자각한다. 이러한 자아 탐색은 숲속 마을 이전부터 시작되었다. 〈너를 누구라 부르랴〉에서 그녀는 '너'라는 2인칭을 '나'라는 1인칭으로 전환시켜 외적 대상과 내면의 자아가 서로를 호출하게 한다. 숲에서 행복을 느끼면서도 "해질녘 귀갓길의 충만한 슬픔"을 벗어나지 못했다는 고백은 현실적 자아가 예술적 자아로 변모하는 이른 징후로 보인다.

'까치네' 강둑에 바람이 몹시 불면 나는 볼이 따갑도록 '바람 맞기'를 즐기고, 오동벌판의 벼가 황금물결을 이루면 온몸이 노랗게 물들도록 걷는다. 나는 창조주를 사랑하고, 창조주는 나를 사랑한다고 차마 말할 수 없는 순간에도 삶을 기꺼워한다.

— 〈너를 누구라 부르랴〉에서

자연에 감응하려는 그녀의 욕망은 인간적 관계를 넘어서는 초월의 힘이다. "네가 내 안에서 출렁거리고 있기 때문"이라는 고백처럼, 자연과의 대화 속에서 그녀는 창조주와의 은밀

한 교감을 경험하며 그 속에서 '수필적 삶'을 자각한다.

함무성은 "고독과 광풍의 세계"에서만 자신을 온전히 경험할 수 있다고 말한다. 〈나를 떠나는 나〉에서 "나는 사나운 바람이 부는 곳으로 달아나 고독과 관계를 즐기고, 들풀 가득한 언덕에 이르면 내 속의 불길을 잠재우고 돌아오겠다"라는 대목은 현실의 속박에서 벗어나 감성을 복원하려는 예술가의 자기 선언이다. 그러므로 그녀가 언급하는 로댕의 연인이자 조각가 까미유 끌로델, 파므파탈 루 살로메, 원초적 무용가 안은미 등은 모두 '자유로운 예술적 자아'를 상징하는 거울로 읽힌다.

이처럼 함무성이 구축하는 자아는 수필적 자아이자 예술적 자아이며, 나아가 존재론적 자아로 확장되면서 한국 수필문학의 새로운 가능성을 제시한다. 따라서 〈녹색 거미〉, 〈나를 떠나는 나〉, 〈너를 누구라 부르랴〉는 그녀의 예술적 정체성을 탐구하는 내적 3부작으로 이해할 수 있다.

2. 생태 서사의 본질

숲속 마을에 정착한 함무성의 첫 과제는 그 풍경 속에서 어떻게 살아가며, 어떻게 글을 써야 할 것인가 였다. 그는 인간은 도시에, 동식물은 숲에 산다는 기존의 구분을 넘어 공존의 세계를 수채화처럼 그려내기 시작한다. 이러한 시도는 인간이 동물과 식물처럼 보고, 느끼고, 감지할 수 있다는 인식에서 비롯된다. '귀거래사' 이래로 수많은 시인과 묵객들이 바다·강·숲에 은둔하며 무위자연을 추구한 것은 물욕의 세계를 벗어나기 위함이었다. 함무성 또한 오감을 되살려 숨겨진 감흥을 회복하고, 자연 속에서 생의 진실을 배우려는 여정에 나선다.

숲과 새, 꽃과 나무는 그에게 생태적 친구이자 스승이다. 《녹색 거미》에 실린 많은 작품에서는 사람이 아니라 자연물이 서사의 중심에 선다. 가족·친척·지인은 거의 등장하지 않으며, 남편조차 주변적 인물로 처리된다. 작품 속에서 하루와 한 해를 함께 보내는 것은 오직 작가와 숲속의 생명들뿐이다. 함무성은 동화적 어조를 통해 '생태 서사(Ecological Epics)'라는 수필의 새로운 장르를 탐색하고 있다. 이런 점에서 《녹색 거미》는 어른을 위한 동화, 즉 잃어버린 동심을 되찾게 하는 생태적 판타지라 할 수 있다.

그녀가 구축한 세계는 장소애가 충만한 아르카디아적 생태계다. "새벽의 청량한 공기, 하루를 깨우는 새소리, 흰 눈이 쌓인 숲속 마을, 빗속의 침묵, 은은한 새벽달이 비추는 풍경"

등은 인간 사회와 단절된 초연한 공간으로 그려진다. 그곳에서는 기계의 소음과 인간의 생활음이 사라지고, 숲의 숨결과 새들의 합창만이 진정한 음률로 존재한다.

> …그 소리는 하루를 여는 대문 소리이며, 제 영역을 뭇 생명들에게 알리는 소리다. 서로의 노래를 들으면서 어린 새들은 노래를 배우기도 한다. 무리를 이루어 번성하는 새들이 가득한 숲은 새소리가 더 커도 좋겠다.
>
> — 〈새벽을 여는 소리〉에서

함무성의 생태 서사는 동물과 식물, 곧 비인간 존재와의 교감에서 출발한다. 숲속에서 생활할수록 그녀는 자신의 영혼이 원시적 탈속의 상태로 되돌아감을 느낀다. 숲의 소리는 시나 음악처럼 평온과 치유를 제공하며, 때로는 선사들의 게송처럼 철학적 사유를 이끌어낸다. 도시에서와 달리 숲의 생명들이 전하는 사랑과 배려는 귀가 아니라 마음으로 듣는 언어라는 것이 작가의 생각임을 보여주는 단락이다.

〈속 소리〉에서는 앞마당의 두꺼비, 뱀, 검정고양이가 소리 없이 서로를 지켜보는 장면을 통해 자연의 법칙 속 질서와 생존의 윤리를 그린다. 이는 단순한 전원적 서정이 아니라, 지구 생명 전체의 감정과 모습을 응축한 생태 서사 구조와 맞닿는다. 〈내 둥지로 날아온 새〉와 〈꽃다지 먹기〉에서는 자연귀의와 모성애가 교차한다. 작가는 창밖의 죽단화 가지 위에 앉은 참새들에게 모이를 주며, 빈 둥지를 바라보다 떠나간 자식들을 떠올린다. 이러한 장면은 인문적 감수성과 자연적 모성의 결합을 강조한다.

또한 잡초의 생명력을 노래한 〈풀들은 바쁘다〉, 회춘을 상징하는 〈두 번 피는 꽃〉, 성장통을 환기하는 〈금창초〉, 공(空)의 깨달음을 전하는 〈엉겅퀴〉, 부부 화해의 상징 〈명자나무〉 등은 자연 속에서 인간의 윤리와 정서를 재발견하는 서사적 실험이라 할 수 있다. 그 중에서 〈어머니나무〉라는 단풍나무에서 작가는 모성과 나무의 생명성을 동일시하는 자연관을 압축적으로 드러낸다.

> 단풍나무에 등을 기대 본다. 나는 과연 어머니라는 이름으로 저 단풍나무처럼 살았을까. 바스락 소리가 나는 마른 잎을 밟고 나무줄기의 중심부로 깊게 들어가 본다. 수백 수천 개의 씨앗을 날리며 제자리를 지키는 어머니 나무의 사랑과 고통도 사람과 별반 다르지 않음을 알겠다.
>
> — 〈어머니나무〉에서

이 구절의 문학적 가치는 삶과 이별하면서도 사랑으로 자식을 품는 모성의 숭고함에 대한 찬사다. 작가는 나무의 생명성과 인간의 모성을 동일선상에 두며, 숲을 삶의 윤리적 교과서로 삼아 "해체가 진정한 완성이다"라는 만다라적 통찰에 다가선다. 새, 나무, 꽃을 통해 자아를 성찰하는 그녀의 시선은 모든 존재가 조물주 앞에서 평등하다는 인문생태학적 세계관으로 귀결된다. 바로 여기에 《녹색 거미》 수필이 지닌 생태 서사의 본질적 힘이 존재한다.

3. 서사의 수용과 미적 언어

숲속에서의 생활은 함무성의 문체에 변화를 가져왔다. 도시의 언어가 관찰과 비판의 언어였다면, 숲의 언어는 공감과 직관의 언어다. 도시에 살 때와 달리, 그녀는 인생을 보다 긍정적으로 직관하며, 주변 사물을 자애와 연민의 시선으로 바라볼 수 있게 되었다. 이는 자연을 도서관으로 삼고 자연애를 함양하는 가운데 형성된 결과라 할 수 있다.

그녀의 세상 엿보기를 보여주는 첫 작품은 〈뽕나무를 누가 심었나〉다. 화자는 수년 전 정원 귀퉁이에 심은 뽕나무가 가지치기한 후의 소복한 모습을 보여줄 때, 작가는 번식기의 암수로 비유하는 화술을 구사한다.

"입 맞춘다 쪽나무 / 발발 떠는 사시나무 / 탱탱 튄다 탱
자나무 / 방귀 뀐다 뽕나무"

— 〈뽕나무를 누가 심었나〉에서

이처럼 시적 운율과 전통 가락인 4 · 4조를 사용한 문장은,
'문체는 사람이다'라는 말처럼 숲속 생활이 그녀의 인간관과
예술적 감수성에 끼친 영향을 그대로 반영한다.

인간에 대한 따스하면서 연민에 찬 관심은 남편을 통해 드
러난다. 숲속 마을에서 함께 사는 동반자에 대한 그녀의 태도
에는 해학과 파토스가 공존한다. 그중에서 남편을 주변 동물
과 비교하는 기법은 꽃과 나무에 관심을 기울이는 작가의 처
지를 살펴보면 자연스러운 현상으로 여겨진다.

〈구피를 사랑해〉는 해학과 파토스적 문법으로 구성된 걸
작으로, 노부부의 일상을 재미있게 그려낸다. 집에서 키우는
구피와 남편의 생활방식이 다음과 같이 비교 묘사된다. 구피
는 어항에 살며 적게 먹고, 주인의 시선을 받으면 춤을 추고
새끼를 순풍순풍 낳아 어항을 풍족하게 만든다. 반면 남편은
TV 앞 소파를 차지하며, 아내에게 무심하고 제 역할도 다하

지 못해 아내의 속을 상하게 한다. 그녀가 "저녁 내내 그는 티브이 보고, 나는 구피 보고. 우리는 서로 다른 방향을 보고 산다."라고 한 말은 파토스와 유머가 교직된 문장으로 손꼽을 만하다. 활발하고 애교 많은 구피와 달리, 남편이 무뚝뚝할 따름이라고 나무라는 듯하지만, 이는 동물에 빗대어 인간의 노년과 부부애를 성찰하는 작가 특유의 우회적 서정이자 생의 연민으로 평할 만하다.

숲속에서의 변화는 두 방향을 가진다. 하나가 남편을 향한 연민의 마음이라면, 다른 하나는 예술적 확장이다. 한때 그림을 그리다 중단했지만, 자연의 영향을 받은 지금은 문학뿐만 아니라 미술과 음악이 예술성을 어떻게 구현하는지를 새롭게 탐구한다. 이 점은 작가에게는 적어도 수필 창작과 타 예술의 병행됨을 뜻한다.

〈바보산수〉는 김기창 화백의 말년 생애와 동양화 기법을 소개하는 작품이다. 어린 시절 고열로 청각을 잃었지만 운보는 오감을 통해 평생 그림을 그렸다. "예술가는 늙을수록 자연의 품에 안겨 창조주와 대화해야 한다."는 그의 자연애와 예술관은 숲에 들어간 작가에게 깊은 영향을 끼쳤다. 그녀 역시 "다 내려놓고 바보처럼 살고 싶은 날"이 있다고 고백한다.

함무성은 음악에도 깊은 관심을 기울인다. 숲속 새들의 소리를 음악과 연결한 〈베토벤씨 안녕하신지요〉와 〈쉰발이의 3중주〉는 자연의 소리에서 화성과 화음을 떠올리는 그녀의 섬세한 감수성을 보여준다. 베토벤과 모차르트의 작품을 예로 들며, 베토벤의 "오직 시골에 머물러라."는 자연귀의의 원칙이 그녀의 삶의 좌표가 되었음을 알 수 있다.

숲을 가로지르는 바람소리, 한여름의 천둥소리, 가을밤의 풀벌레 소리가 당신의 악보에 들어 있겠지요. 일곱 계음만으로 표현한 그 감성을 모국어의 단어조차 다 활용할 줄 모르는 저는, 글로 옮기려 책상에 앉을 때마다 한계를 느낍니다. 가슴은 벅차오르는데 문장이 떠오르지 않습니다. 차라리 쓰지 말고 당신의 음악을 듣는 편이 훨씬 충만하고 해방감을 느낍니다.

— 〈베토벤씨 안녕하신지요〉에서

이 구절에서 우리는 수필가와 음악가 사이에서 교류되는 미적 영감을 살필 수 있다. 소리 내어 읽기를 거듭하면, 숲속을 산책하다 우연히 만난 베토벤에게 자연미를 예술미로 승화시키는 법을 간절히 묻는 작가의 모습이 선하게 떠오른다. 경어체 문장도 문학에 대한 열정과 고뇌를 강조하기위한 의

도된 문체임을 발견할 수 있다.

〈쉰발이의 3중주〉는 멘델스존의 피아노 3중주와 절지동물의 움직임을 비교한 작품이다. 작가는 쉰발이가 달리는 동작을 피아노곡의 변주에 비유한다.

> "서른 개의 다리로는 피아노 건반을, 두 개의 더듬이는
> 바이올린과 첼로를 연주하는 활과 같다."
> "현악기의 활이 움직이는 것처럼 쉰발이도 서서히 더듬
> 이를 좌우로 움직이며 다리는 잔물결을 일으킨다."
>
> — 〈쉰발이의 3중주〉에서

숲속 동물을 관찰하여 생태계의 생명을 창작의 소재로 끌어올리려는 작가의 노력이 여기서 절정을 이룬다. 숲속 마을이 음악 공연장과 영감의 발상지로 각인시킨 장치가 되어 자연에서 음악을 뽑아낸 작가의 솜씨가 감탄을 자아낸다. 자연도 그의 글에서 단순한 소재가 아니라, 언어와 감성의 원천으로 기능한다. 이처럼 함무성의 수필은 시각 · 청각 · 촉각을 아우르는 종합예술로 진화한다.

곧, 《녹색 거미》는 숲에 대한 관찰과 생태적 사유를 바탕으로, 미학적 가치를 동시에 살리며 장소애에 예술적 의미를

부여하는 작품이다. 함무성은 인간 중심의 문학을 넘어, 만물의 호흡과 공존의 윤리를 기록함으로써 수필을 철학의 차원으로 끌어올렸다.

닫으면서

진정한 장소애場所愛를 품은 공간은 그곳에 사는 이로 하여금 심미적 성숙에 이르게 한다. 자연은 본래 인간을 삶을 성찰하게 하고 치유의 길로 이끌지만, 함무성의 숲속 마을은 풀 한 포기, 새 한 마리의 울음까지 음악으로 들을 줄 아는 그녀의 감성적 관조력을 밤낮으로 일깨운다.

함무성은 정신적 생태주의와 예술적 영감을 동시에 얻은 결과, 생태 서사인 《녹색 거미》를 완성했다. 작품 속 거미가 은빛 실을 뽑아내듯, 숲의 생명과 호흡을 문장 속에 엮어 넣으며 문학적 초자아를 실현했다. 《녹색 거미》가 생태적 통찰과 미적 성찰이 맞물린 하나의 미학적 여행기라는 속성도 여기서 출발한다.

함무성의 수필을 독讀한 독자는 단순히 그녀가 머무는 숲속 마을에 대한 호기심에서 멈추지 않는다. 한 인간이 어떻게 삶과 예술을 동시에 관조하며, 그 두 세계를 조화롭게 엮어낼

수 있었는가를 자문한다. 이리하여 거미처럼 엮어낸 숲의 이
야기는 인간과 자연을 하나로 잇는 문학적 현장이자 '녹색의
성소'라고 부를 만하다.

에필로그

　이 수필집을 엮으면서 참을성 있는 관찰을 통해 많은 경이
로움을 목격했습니다.

　습지의 도루박이가 번식하는 방법, 박주가리, 콩짜개가 아
무 나무나 붙잡고 감아올리며 살아가는 방법, 아기 사마귀가
제 몸을 숨기는 방법 등 곤충이나 각종 풀들이 누가 돌보지
않아도 건강히 생명을 유지하는 것을 눈여겨보았습니다.

　조용한 지역의 나무가 더 건강히 자라고, 시끄럽게 울어대
는 새들의 무리가 더욱 활기참도 보았습니다. 자연에서 느낄
수 있는 신성함과 경이로움은 일일이 열거 할 수 없을 정도입
니다.

　자연이 주는 선물은 우리가 '얻어낸' 것이 아니라 '거저' 받
았습니다. 종종 간과되거나 듣도 보도 못한 생물들의 이야기
를 적으며 이 모든 것이 아름답다는 것을 깨닫기 까지는 꽤
오래 걸린 셈이지요.

마음 모아 함께 사는 숲속마을 주민들께 감사드리고

글 길이 막힐 때마다 저의 촉수를 건드려 주시는 박양근 교수님께도 깊은 감사를 드립니다. 무엇보다도 제 글의 첫 번째 독자인 남편의 냉정한 조언에도 고마움을 전합니다.

글을 짓는 일은 남들이 눈치 채지 못할 저만의 만족입니다.

그 만족감을 오래도록 이어 가겠습니다.

함무성 생태수필집

녹색거미

인쇄 2025년 11월 5일
발행 2025년 11월 10일

지은이 함무성
발행인 서정환
펴낸곳 인간과문학사
주소 03132 서울시 종로구 삼일대로 32길 36
　　　(익선동 30-6 운현신화타워 빌딩) 305호
전화 (02)3675-3885, (063)275-4000, 팩스 (063)274-3131
팩스 (063) 274-3131
이메일 sina321@hanmail.net, essay321@hanmail.net
출판등록 제300-2013-10호
인쇄 · 제본 신아출판사

ISBN 979-11-6084-265-4　03810

값 25,000원

이 책은 **충청북도** 와 **충북문화재단**의 후원으로 예술창작활동지원사업 일환으로 발간되었음.

이호열作 Winterscape, oil on canvas, 50x145cm, 2008